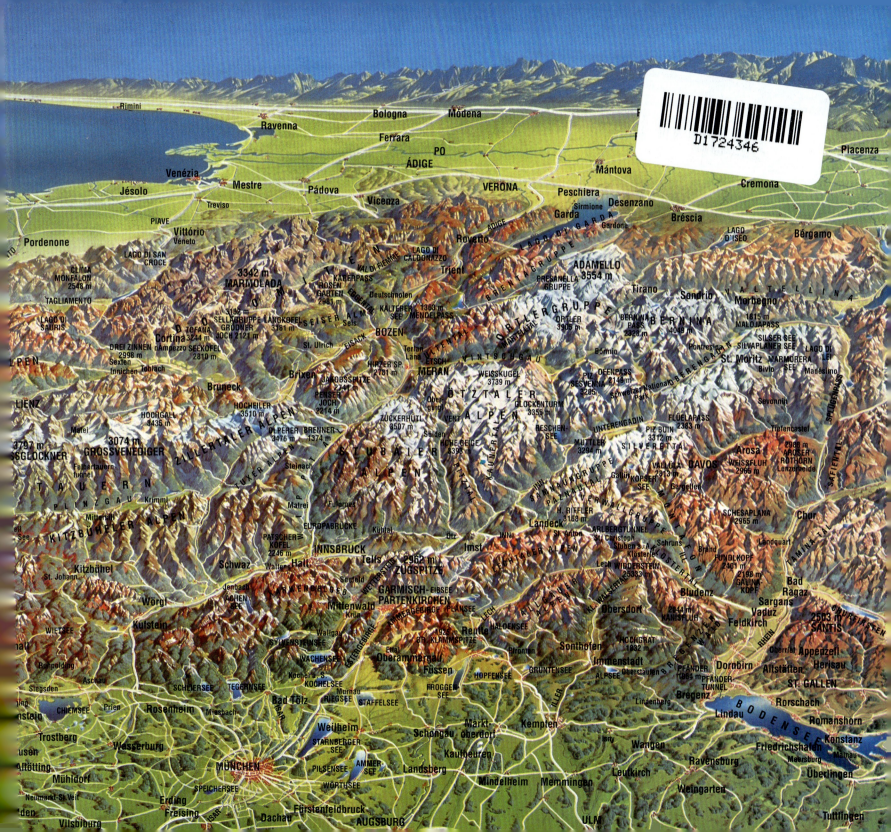

Farbbildreise durch Österreich
An Illustrated Journey Through Austria
Viaggio da foto a Colori attraverso l'Austria

Pictorial tour

Viaggio da Foto a Colori

Farbbild-Reise

Ferdy Fischer

Österreich
Austria

Ziethen Verlag ZIETHEN-PANORAMA VERLAG

ISBN 3-921268-01-X

© Copyright: 1993 by
ZIETHEN-PANORAMA VERLAG GmbH
Flurweg 15
53902 Bad Münstereifel
Telefon: 0 22 35 / 60 47

1. Auflage 1993

Redaktion und Gestaltung: Horst Ziethen
Redaktionelle Beratung: Bert Teklenborg

Text: Ferdy Fischer

Englische Übersetzung: Edith Szép
Italienische Übersetzung: Renato Vecellio

Gesamtherstellung:
ZIETHEN-Farbdruckmedien GmbH
Unter Buschweg 17
50999 Köln

Printed in Germany

FARBAUFNAHMEN   SEITE:

Fridmar Damm   18, 23, 26, 35, 39, 40/41, 46, 47 u. Titel, 55, 74,
                          77, 78, 81, 83
T. u. M. Schneiders   11, 19, 32, 37, 38, 56, 59, 61, 63, 64, 66, 70, 76, 80
Bildarchiv Huber   13, 16, 24, 25, 30, 31, 34, 42, 43, 57, 67, 68/69, 71
Bildarchiv Mauritius   14/15, 29, 36, 48, 65, 72, 75, 79
Lubi Poritzka   44, 45, 50, 53, 54, 82 (5)
Georg Riha, Wien   27, 49, 51, 52, 65, 84
Gerold Jung   17, 22, 73, 82 (1)
Bildarchiv Wolfsberger   12, 28, 58,
Karl Kinne   20/21 u. Rücktitel
Bildarchiv Helga Lade   33
The Image Bank   62

ÖSTERREICH-KARTEN

Vorsatz: Ausschnitt aus „Das große Alpenpanorama" von Hans Oberbacher –
erschienen bei Mairs Geographischer Verlag
Nachsatz: Österreichische Straßenkarte von KÜMMERLY + FREY, Wien

FARBBILDREISE DURCH ÖSTERREICH

Österreich, das sind liebliche Täler, stolze Gebirgsmassive und schmucke Städtchen. Österreich ist ein Land, das voller Lebensfreude steckt, ebenso Entspannung wie Erholung bietet und mit kultureller und kulinarischer Vielfalt lockt. Da liegen in Fülle die Urlaubsparadiese: Zwischen dem Bodensee und dem Neusiedlersee laden tausend Seen ein. Von den sanften Hügeln des Voralpenlandes bis zu den eisgekrönten Dreitausendern der Zentralalpen bieten unendlich viele Wege in die Stille das Erlebnis „Natur". Ob Bergtouren auf einen der 924 Gipfel über 3000 Meter oder Spaziergänge durch die Täler und über sanfte Hügel – in Österreich kann man die schönen Dinge des Lebens entdecken. Es ist gleich, ob man Österreich als Land für Lebenslustige oder Feinschmecker, für Kunstliebhaber oder Kulturbeflissene sieht, verlieben kann man sich gleich zehnmal in dieses Land: Von Salzburg bis Wien, vom Burgenland bis Vorarlberg gibt es Abenteuer für Aug' und Ohr, für Geist und Körper, für Gaumen und Zunge.

Österreich beginnt mit dem Abenteuer Geschichte – Europa und die Habsburger. Eine Familie europäischer Herkunft: Aus der Schweiz und Burgund, aus Deutschland und Belgien, aus Spanien und Österreich! Und noch europäischer gerieten die Heiratsverbindungen nach Polen und Böhmen, nach Portugal und Italien, nach Frankreich und England.

In Österreichs Städten läßt sich gut „auf den Spuren der Geschichte" wandeln. Einige wurden schon in der Römerzeit gegründet und haben heute noch ihre damaligen Namen in abgewandelter Form, wie etwa Bregenz, das römische Brigantium, Linz an der Stelle des römischen Lentia und nicht zuletzt Wien, das auf den Mauern Vindobonas aufgebaut wurde.

Die österreichische Geschichte geht von der Begründung einer dauernden Herrschaft der Bayern im Donau- und Alpengebiet seit Beginn des 6. Jh. aus. Die Folgezeit zergliederte das Stammgebiet der habsburgischen Monarchie in Kronländer, die in der Republik Österreich als Bundesländer erhalten blieben. Das führende Geschlecht aber wurden zunächst die Babenberger, seit 976 Markgrafen der Ostmark. Als dieses Geschlecht fast dreihundert Jahre später mit Friedrich II. erlosch, begründete – nach einer kurzen böhmischen Herrschaft – Rudolf von Habsburg (1273 - 1291) das große

AN ILLUSTRATED JOURNEY THROUGH AUSTRIA

Austria brings to mind lovely valleys, proud mountain ranges, and bejewelled little towns. It is a country full of joie-de-vivre, offering excitement and relaxation, as well as cultural and culinary diversity. There are holiday resorts in great abundance; a thousand inviting lakes lie between Lake Constance and the Neusiedler See; from the soft hills of the lower Alpine slopes to the snow and ice-encrusted "Three Thousand Peaks" of the Central Alps, there are endless paths into the stillness of nature. One can enjoy all of life's pleasures in Austria, whether touring the 924 peaks which rise above 3000 metres or taking leisurely walks in the valleys and over verdant hills. There are adventures in store for body and soul, the eye and the ear, mouth and palate. Austria has something for everyone – lovers of art, culture, fine food or fine living. One can fall in love with this country only too easily.

Our Austrian adventure begins with its history, that of Europe and the Hapsburgs, a family of truly European origins: from Switzerland and Burgundy, Germany and Belgium, Spain and Austria. Marital alliances brought connections with Poland and Bohemia, Portugal and Italy, France and England.

One can trace their history through Austria's towns and cities. Many were founded in Roman times and still retain their original names in one form or another, e.g. Bregenz, the Roman Brigantium; Linz, on the site of the Roman Lentia; and not least Vienna, rebuilt on the walls and foundations of Vindobonas.

The Bavarians have held sway in Austrian history, from the Danube to the Alps, since the 6th century. The ensuing years consolidated these holdings with the crown lands of the Hapsburg monarchy, which were retained as provinces in the Republic of Austria. The ruling family were the Babenbergers, Viscounts of Ostmark since 976. Their family line came to an end some three hundred years later with the demise of Friedrich II and was followed, after a brief Bohemian rule, by the greatest ruling family, founded by Rudolf von Hapsburg (1273-1291). The "House of Austria" was synonymous with the House of Hapsburg, including the Spanish dynastic line and the members of the Hapsburg-Lothringen family, whose male line of succession was extinguished with the death of Maria Theresia's father, Emperor Karl VI, in 1740.

VIAGGIO DA FOTO A COLORI ATTRAVERSO L'AUSTRIA

L'Austria significa valli amabili, massicci imponenti e cittadine belline. L'Austria è un paese che è pieno di gioia di vivere, nonché offrendo rilassamento e riposo e attraendo con svariatezza culturale e culinaria. Ecco dove giacciono i paradisi vacanzieri in gran quantità: Fra il Lago di Costanza ed il Lago di Neusiedl invitano migliaia di laghi; dalle soavi colline della zona prealpina fino ai tremila delle Alpi Centrali coronate di ghiaccio c'è un'infinità di cammini al silenzio che offre l'avventura „natura". Facendo una gita in montagna su una delle 924 cime di più di 3000 metri oppure passeggiando attraverso le valli e le soavi colline. In Austria si possono scoprire le belle cose della vita. Da Salisburgo a Vienna, dal Burgenland al Vorarlberg ci sono delle avventure per l'occhio e per l'orecchio, per lo spirito ed il corpo, per il palato e la lingua. Non importa come si veda l'Austria, sia per i vivaci oppure per i buongustai, per gli amanti dell'arte oppure per gli applicati alla cultura. Di questo paese ci si può innamorare dieci volte: L'Austria comincia con l'avventura storia – l'Europa e gli Asburgo. Una famiglia d'origine europea: Dalla Svizzera e dalla Borgogna, dalla Germania e dal Belgio, dalla Spagna e dall'Austria! E ancora più europee risultarono le unioni matrimoniali in Polonia ed in Boemia, in Portogallo ed in Italia, in Francia ed in Inghilterra. Nelle città austriache si cammina bene sulle „tracce della storia". Alcune furono già fondate nell'epoca dei romani e ancor oggi hanno la denominazione di allora in modo variato, come per esempio Bregenz, la Brigantium romana, Linz al posto della Lentia romana e poi anche Vienna che fu costruita sulle mura di Vindobona.

La storia austriaca parte sin dall'inizio del VI secolo dalla fondazione di un regno permanente dei bavaresi nella zona danubiana ed alpina. Il periodo successivo smembrò la zona d'origine della monarchia degli Asburgo in paesi della corona i quali sono rimasti conservati come province nella Repubblica d'Austria. La famiglia predominante divenne prima di tutto quella dei Babenberg i quali erano margravi della Marca Orientale sin dal 976. Quando quella famiglia cessò di esistere quasi trecento anni dopo con Federico II, fu Rodolfo d'Asburgo (1273-1291) a fondare la grande casa regnante dopo un breve regno boemo. La „Casa Austria" è il sinonimo per la Casa degli Asburgo compresa anche la linea spagnola della dinastia, come pure i familiari

Herrscherhaus. „Haus Österreich" gilt als Synonym für das Haus Habsburg, die spanische Linie der Dynastie ebenso eingeschlossen wie die Angehörigen der Familie Habsburg-Lothringen nach dem Aussterben in männlicher Linie mit dem Tode von Maria Theresias Vater, Kaiser Karl VI. (1740).

Aus dem Haus Habsburg sind vier Könige, fünfzehn Kaiser des Heiligen Römischen Reiches, sechs Könige von Spanien und vier Kaiser von Österreich (ab 1804) hervorgegangen. Seit 1526 waren die Kaiser auch Könige von Ungarn und Böhmen, die k.u.k.-Dynastie. Die Liste der Titel, die sie bis 1918 führten, umfaßte auch „König von Dalmatien, Kroatien, Slavonien, Galizien, Lodomerien und Illyrien".

Gewählt wurden alle Habsburger in Frankfurt am Main. Mit einem Habsburger begann aber auch die neue Zeit einer ersten demokratischen Ordnung in der Paulskirche: Erzherzog Johann wurde 1848 zum Reichsverweser gewählt. Und regiert haben die Habsburger immerhin ein halbes Jahrtausend als Kaiser des Römischen Reiches deutscher Nation und waren damit Herrscher über halb Europa. Bis 1918 regierten sie sechseinhalb Jahrhunderte lang ein Reich, dessen Grenzen sich weit über jene des heutigen Österreich erstreckten.

„Nordlichter" knüpfen geschichtliche Erinnerungen an das Haus Habsburg über Kurköln mit dem Kurfürsten und Erzbischof Maximilian Franz, einem Sohn Maria Theresias, der auch Ludwig van Beethovens Dienstherr war!

Die Bayern erinnern sich an die schöne „Sissi", die Frau des Kaisers Franz Joseph. Geschichtsfreunde können im Salzburger Land auf den Spuren von Wilhelm I. und seinem Kanzler Bismarck wandeln – mit Franz Joseph I. haben sie in Badgastein den „Gasteiner Vertrag" abgeschlossen. Wilhelm II. ein früher Jagdtourist weilte zu Jagdaufenthalten in Schloß Eckartsau. Der Rheinländer, Clemens Metternich, lenkte den Wiener Kongreß. Besonders das Salzkammergut ist lange und kontinuierlich mit dem Haus Habsburg verbunden gewesen: Zarte Liebesromanzen ereigneten sich in dieser Szenerie hinreißender Schönheit: Erzherzog Johann (Bruder des Kaisers Franz I.) verliebte sich in die Tochter des Postmeisters von Aussee, Anna Plochl und bestand auf einer ehelichen Verbindung. 1829 erlaubte der kaiserliche Bruder die Hochzeit; aber erst 1850 wurde Anna

The House of Hapsburg produced four kings, fifteen Holy Roman Emperors, six Kings of Spain and four Emperors of Austria (from 1804). Since 1526 the Emperors had also been Kings of Hungary and Bohemia. Until 1918, their titles included "King of Dalmatia, Croatia, Slavonia, Galicia, Lodomeria and Illyria".

All Hapsburgs were elected in Frankfurt am Main. A new democratic order was however also begun by a Hapsburg in the Church of St. Paul: Archduke Johann was elected to oversee the dissolution of the empire in 1848. The Hapsburgs reigned as emperors over the German nation and the Roman Empire for half a millenium and were rulers of more than half of Europe. Until 1918 they had ruled for 600 years over a kingdom which stretched well beyond the borders of present-day Austria.

Northerners can trace their Hapsburg history back to ancient Cologne with the Elector and Archbishop Maximillian Franz, a son of Empress Maria Theresia and erstwhile employer of Ludwig van Beethoven!

Bavarians recall the beautiful "Sissi", wife of the Emperor Franz Joseph. History buffs can retrace the steps of Wilhelm I and his Chancellor Bismarck in Salzburg province. They sealed the Treaty of Gastein with Franz Joseph I at Badgastein. Wilhelm II hosted hunting parties at Eckartsau Castle. A Rhinelander, Clemens Metternich, led the Vienna Congress.

The Salzkammergut has been most closely linked with the House of Hapsburg. Tender love stories were woven in this outstandingly beautiful area: Archduke Johann (brother of the Emperor Franz I) fell in love with Anna Plochl, the daughter of the postmaster at Aussee, and offered marriage. In 1829 his brother the emperor gave permission for the wedding to take place, but Anna Plochl was not made Countess von Meran until 1850. Emperor Franz Joseph met his "Sissi", his wife Elisabeth, in Bad Ischl in 1853. She was considered a very modern and independent woman.

The imperial villa in Bad Ischl became the summer court in the Salzkammergut. One must not forget the most famous son of the city of Salzburg, Wolfgang Amadeus Mozart. However, the most notable and prolific cultural development came during the Biedermeier years: from 1815 to 1848, design, music, painting, literature and architecture burgeoned as never before.

della famiglia Asburgo-Lotaringa dopo lo spegnersi in linea maschile morendo il padre di Maria Teresa, l'Imperatore Carlo VI (1740).Dalla Casa degli Asburgo ne sono discesi quattro re, quindici imperatori del Sacro Impero Romano, sei re della Spagna e quattro imperatori d'Austria (a partire dal 1804). Dal 1526 gli imperatori furono anche re d'Ungheria e della Boemia, la dinastia imperiale e reale (K.u.K.). La lista dei titoli che portavano fino al 1918 comprendeva anche "re della Dalmazia, Croazia, Slavonia, Galizia, Lodomeria ed Illiria".

Tutti gli asburgo furono eletti a Francoforte sul Meno. Nella Chiesa di S. Paolo cominciò anche la nuova era di un primo ordine democratico con uno degli asburgo: L'Arciduca Giovanni fu eletto reggente imperiale nel 1848. E gli asburgo regnarono come imperatori del Sacro Impero Romano di Nazione Tedesca per mezzo millennio e con ciò furono regnanti di metà Europa. Fino al 1918 avevano regnato un impero per 650 anni i cui confini si estendevano molto al di là dell'Austria dei giorni nostri. Le "aurore boreali" (così vengono chiamati per scherzo i tedeschi del Nord) uniscono dei ricordi storici alla Casa degli Asburgo mediante Kurköln con il principe elettore e Arcivescovo Massimiliano Francesco, un figlio di Maria Teresa il quale fu anche padrone di Ludwig van Beethoven!

I bavaresi si ricordano della bella "Sissi", moglie dell'Imperatore Francesco Giuseppe. Gli amici della storia possono camminare nel Salisburghese sulle tracce di Guglielmo I e del suo Cancelliere Bismarck – con Francesco Giuseppe I conclusero a Badgastein il "Trattato di Gastein". Guglielmo II, per la caccia, soggiornava al Castello Eckartsau. Il renano Clemens Metternich, condusse il Congresso di Vienna. Specialmente il Salzkammergut era unito a lungo e di continuo alla Casa degli Asburgo: In quello scenario d'incantevole bellezza avvennero delle tenere romanze d'amore: L'Arciduca Giovanni (fratello dell'Imperatore Francesco I) s'innamorò della figlia del direttore della posta di Aussee, Anna Plochl, insistendo su un'unione matrimoniale. Nel 1829 i fratello imperiale permise che si unissero in matrimonio; ma appena nel 1850 le fu conferito il titolo di Contessa di Merano ad Anna Plochl. Ed a Bad Ischl l'Imperatore Francesco Giuseppe conobbe nel 1853 la sua futura consorte Elisabetta, la sua "Sissi". In molti aspetti passava per molto moderna ed indipen-

Plochl zur Gräfin von Meran erhoben. Und in Bad Ischl lernte Kaiser Franz Joseph 1853 seine spätere Gemahlin Elisabeth, seine „Sissi", kennen. Sie galt in vieler Hinsicht als eine sehr moderne und selbständige Frau. Die Kaiservilla in Bad Ischl selbst wurde zum Mittelpunkt des sommerlichen Hoflebens im Salzkammergut. Nicht zu vergessen, der berühmteste Sohn der Stadt Salzburg: Wolfgang Amadeus Mozart.

Die äußerst fruchtbare Entwicklung kulturellen Lebens läßt sich in einem „Rundgang durch die Zeit des Biedermeier" nachvollziehen: Ein Streifzug von 1815 bis 1848 bringt das Lebensgefühl mit Wohnkultur, Musik, Malerei, Literatur und Architektur so nahe wie kaum eine andere Epoche! Der k.u.k. Hofballmusikdirektor Johann Strauß machte die Wiener Tanzmusik in der ganzen Welt berühmt.

Mit der heute im Grundgesetz festgeschriebenen immerwährenden Neutralität – nach dem Staatsvertrag von 1955 wurde Österreich die volle Unabhängigkeit gewährt – verleiht die Republik ihrer aktuellen Geschichte deutlichen Ausdruck in den internationalen Begegnungen, wie etwa in Wien in der UNO-City. Also – eine innige Verbindung zwischen Europa und Österreich: Tu Felix Austria!

VORARLBERG

Beginnen wir unsere gemeinsame Reise in Vorarlberg. Zu Füßen prachtvoller Berge, gesäumt vom noch jungen Rhein, am Ufer des Bodensees gehen wir im westlichsten Bundesland Österreichs vor Anker. In der seidig warmen Luft des Bodensees wird der Winter ein wenig stürmischer und schneller verjagt. Hier wird der Frühling, der Sommer, ja noch der linde Herbst zum schönen Roman. Die Bregenzer Bucht lädt ein zur „Dreiländer-Fahrt", die ein imposantes Flair bietet: Gewaltige Bergketten, liebliche, fruchtbare Wiesen, eine reizvolle Hügellandschaft, in der dazu noch köstlicher Wein angebaut wird. Hier wird der Alltag zurückgedrängt und „die Seele aufgemacht" für die schönsten Gefühle.

TIROL

Unsere Reise geht weiter nach Osten, in das Herz der Alpen – Tirol! Zwischen 460 und 3797 m nichts als Berge und Täler, Almwiesen und Gletscherbrüche, Felsgrate und Flußauen,

Johann Strauss, musical director of the Court, made Viennese dance music famous throughout the world. Today the Republic of Austria is able to give full expression to its own history, based on an enduring neutrality enshrined in its constitution, following the Treaty granting it full independence in 1955. It is an international meeting place, not least because of the United Nations presence in Vienna, an intimate union of Europe and Austria: Tu Felix Austria!

VORARLBERG

Let us begin our journey in Vorarlberg, in the westernmost province of Austria, at the foot of magnificent mountains washed by the Rhine, where we "drop anchor" on the shores of Lake Constance. The warm soft breezes of Lake Constance chase away the storms of winter, to be followed by spring, summer and mellow autumn, like the chapters of a novel. The Bay of Bregenz offers the traveller manifold pleasures: majestic mountain ranges, lovely meadows and orchards, and a delightful landscape of hills covered in vines. The entire lake is hemmed in by tiny villages and towns. Here the daily grind can be forgotten and the spirit quenched and nourished by the finest emotions and sensations.

THE TYROL

Our journey then takes us further east into the heart of the Alps. The Tyrol is a veritable feast for the eyes and the soul: Mountains and valleys, alpine meadows, glacial brooks, rocky ridges and riverbeds, mountain farmsteads and villages dot the landscape from a height of 460 to 3797 metres. At that altitude, the spectacular rockface, the snow-capped peaks and alpine pastures create a dramatic panorama – a bizarre landscape set against an azure sky, a rock-climber's death-defying victory over gravity! The River Inn meanders through the countryside like an artery; the Lech in the northwest and the Drau in the east organise the apparently random labyrinth of mountains into the three main limestone ranges of the Northern and Southern Alps. There you will find the splendid ski resorts of Kaunertal, Pitztal, Oetztal, Stubaital and Zillertal. The Tyrolese are best known for their mountain guides and their

dente. La villa imperiale a Bad Ischl divenne il centro della vita di corte estiva nel Salzkammergut.

Non dimentichiamoci del celeberrimo figlio della città di Salisburgo: Wolfgang Amadeus Mozart. Lo sviluppo assai fruttifero della vita culturale è percepibile facendo un "giro attraverso l'epoca del Biedermeier": Un'escursione dal 1815 al 1848 porta vicino il sentimento della vita con la sua cultura nell'arredamento, la musica, la pittura, la letteratura e l'architettura come in quasi nessun'altra epoca! Il direttore d'orchestra imperiale Johann Strauss fece famosa in tutto il mondo la musica viennese da ballo. Grazie alla sua perenne neutralità fissata nella legge fondamentale – dopo il Trattato di Stato del 1955 fu concessa all'Austria l'intera indipendenza – esprime la Repubblica la sua storia attuale negli incontri internazionali, come ad esempio a Vienna all'ONU. Allora – un'unione cordiale fra l'Europa e l'Austria: Tu Felix Austria!

VORARLBERG

Iniziamo il nostro viaggio comune nel Vorarlberg. Ai piedi di magnifici monti, costeggiati dal Reno ancora giovane, approdiamo in riva al lago di Costanza nella regione più occidentale d'Austria. Coll'aria tiepida del lago di Costanza, l'inverno viene cacciato via più tempestosa e velocemente. Qui diventano un bel romanzo la primavera, l'estate, ma anche l'autunno mite. La Baia di Bregenz invita al "giro nei tre paesi" che offre un' atmosfera imponente: Gigantesche catene montagnose, amabili prati fertili, un affascinante paesaggio di colline dove si coltiva del vino delizioso. Paesini e cittadine costeggiano il lago. Qui tutto l'usuale viene soffocato e si "apre l'anima" per i più bei sentimenti.

TIROLO

Il nostro viaggio continua verso est, il cuore delle Alpi - il Tirolo! Fra 460 e 3797 metri c'è godimento per gli occhi e per i sensi ad ogni ora del giorno: Solo montagne e valli, prati alpini e crepacci, creste rocciose e praterie, città e fattorie in montagna. L'alta montagna diventa qui un unico spettacolo con delle giganti pareti rocciose, le cime coperte di ghiaccio, e le colline alpine verdi; ma può diventare anche un'avventura che racchiude in sè dei pericoli e richiede riguardi. Le

Städte und Bergbauernhöfe. Da wird das Hochgebirge zu einem einzigen Schauspiel mit den mächtigen Felswänden, den eisgepanzerten Hochgipfeln und den grünen Almbuckeln; es kann aber auch zu einem Abenteuer werden, das Gefahren birgt und Rücksichten verlangt. Die Felswände sind für den einen eine bizarre Landschaft gegen den azurblauen Himmel, für den anderen der Sieg über die Schwerkraft beim Klettern!

Der Inn durchzieht wie eine Lebensader das Land; der Lech im Nordwesten und die Drau in Osttirol ordnen das scheinbar wahllose Felslabyrinth in die drei Hauptketten der Nördlichen und Südlichen Kalkalpen sowie dem Alpenhauptkamm. Und da sind sie zu finden, diese großartigen Skigebiete im Kaunertal, Pitztal, Oetztal, Stubaital oder im Zillertal.

Die Tiroler sind mehr als lustig, sie haben feste traditionelle Wurzeln, sie haben Bergführer, Touren, Hütten, und sie haben „ihre" Hauptstadt, sogar mit einem goldenen Dachl – Innsbruck.

SALZBURGER LAND

Auch der Dichter Carl Zuckmayer hat im Salzburger Land einige Jahre verbracht: in Henndorf bei Salzburg, Haus Wiesmühl. Und vom Henndorfer Hausberg „Zifanken", über eine Gipfelwiese hinweg ließ Zuckmayer seinen Blick schweifen: „...die Bergketten von Osten über Süden weit nach Westen. Man sah an klaren Tagen den Stauffen, Watzmann und Untersberg, auch den Gaisberg bei Salzburg, dann das Tennengebirge, das Steinerne Meer, die Kuppen des Dachsteins, über den Tahlgau weg die spitze Nase des Schafbergs am Wolfgangsee, und hinter dem Mondsee, der von dort wirklich wie ein opalisierender Halbmond wirkte, die Abhänge der Drachen- und Herzogenwand." Heute findet der Besucher Mountain-Biking und Sommerrodeln, Segeln und Surfen auf Badeseen und Mut im Wildwasser-Kanu, Golf und Gleitschirmfliegen. Den Abschluß wählt man ebenfalls bestens in der Mozartstadt. Ein Spaziergang unter den Platanen an der Salzach, durch den Park des Mirabellgartens, unter den unzähligen hübschen geschmiedeten Auslegern der engen Getreidegasse. Da wehen doch die leisen Klänge eines Schloßkonzertes herüber? Und aus dem Hof des Domplatzes echot es „Jedermann"!

hats, but they also have deep-rooted traditions, and a glowing pride in their "golden" capital, Innsbruck.

SALZBURG PROVINCE

The poet Carl Zuckmayer spent several years in Salzburg province and wrote rapturously of the distant views to east, south and west, where on a clear day he could see the entire mountain range from Stauffen to the Tennens, the Gaisberg in Salzburg, over the peaks of Dachstein, beyond the Tahlgau to the pointed "nose" of the Schafberg by Wolfgangsee and beyond Mondsee, which from that distance did truly look like a glittering half-moon, to the slopes of the Drachen and Herzogen mountains. Here in one glance he had the most glorious peaks and vistas. Visitors today can enjoy mountain-biking and summer tobogganing, sailing and windsurfing, whitewater canoeing, golf and hang-gliding. Mozart's home town is the best place from which to bid farewell: a walk beneath the plane trees by the Salzach, through the Mirabelle Gardens, past the countless jewel-like display windows in the narrow Getreidegasse, where the lingering notes of a concert in the palace grounds waft softly on the air. And finally a "large brown", a coffee at the Cafe Tomaselli, to round off to perfection the pleasures of Salzburg.

UPPER AUSTRIA

What of Upper Austria, border with Bavaria, but particularly with Bohemia and Czechoslovakia? The poet Adalbert Stifter aptly described this jewel of a landscape, this area between the Danube and the Forest of Bohemia, with its "fantastic, even absurdly bizarre rock formations on its wooded hilltops and in its valleys, constantly narrowing and widening, juxtaposing gentle hills with rough granite cliffs". Here one can daydream after a long journey, immerse oneself in one's memories and let the intellectual fog-clouds drift away while the Danube flows silently past. From here you can also set out on a nostalgic journey "on the Hapsburg trail", whether by steamer on the Danube or on the so-called Nostalgia Express. This "baby brother" of the famous Orient Express rattles towards its destination on one of the most unique and picturesque stretches of railway, along the shores of the Danube, from Salzburg,

pareti rocciose per l'uno sono un paesaggio bizzarro verso il cielo azzurro, per l'altro sono, scalandole, la vittoria sulla forza di gravitazione! Il fiume Inn percorre la regione come un'arteria vitale; il fiume Lech al nordovest ed il fiume Drava nel Tirolo Orientale dividono il labirinto roccioso in tre catene principali delle Alpi Calcaree Settentrionali e Meridionali, come pure nella cresta principale alpina. Ecco vi si trovano le meravigliose regioni sciistiche nelle valli Kaunertal, Pitztal, Oetztal, Stubaital o Zillertal. I tirolesi hanno delle solide radici tradizionali, delle guide alpine, gite, baite, e, inoltre, nel loro capuluogo hanno persino un"tetto d'oro", ad Innsbruck.

IL SALISBURGHESE

Anche il poeta Carl Zuckmayer ha trascorso alcuni anni nel Salisburghese. E dal monte "Zifanken" via un prato in cima, Zuckmayer lasciava vagare gli occhi:"...le catene di montagna dall'Oriente al Meridione, all'Occidente. Nei giorni chiari si vedeva lo Stauffen, il Watzmann e l'Untersberg, anche il Gaisberg vicino alla città di Salisburgo, poi il Tennengebirge, lo Steinerne Meer, le cime del Dachstein, via la valle Talgau, il naso puntuto dello Schafberg al lago di Wolfgang e dietro il lago Mondsee il quale da là sembrava proprio ad una semiluna opalescente, i pendii della Drachenwand e dell'Herzogenwand." Egli vedeva qui tutto nello stesso momento: i più bei monti e le più belle strade panoramiche. Oggidì il visitatore trova il Mountain-Biking e lo slittare estivo, il veleggiare ed il surfing sui laghi, il canotaggio nei torrenti, il golf ed il paragliding. E'opportuno concludere la giornata nella città mozartiana. Una passeggiata sotto i platani lungo il fiume Salzach, attraverso il giardino di Mirabell, sotto gli stupendi segni di ferro battuto delle corporazioni artigiane nello stretto vicolo Getreidegasse. Non si sente la musica in sordina del concerto nel castello? E dal cortile della Piazza del Duomo si sente echeggiare "Jedermann" (Ognuno). Poi si conclude prendendo una grande tazza di caffè al "Tomaselli" vivendo la movimentata città di Salisburgo.

ALTA AUSTRIA

E l'Alta Austria? Regione limitrofa verso la Baviera, ma specialmente verso la Boemia e la Repubblica Ceca. Diamo la parola di nuovo ad un

Den Schluß bekrönt man mit einem „Großen Braunen" im Cafe Tomaselli und erlebt dabei das quirlige Salzburg.

OBERÖSTERREICH/SALZKAMMERGUT

Und Oberösterreich? Grenzland nach Böhmen und Bayern. Lassen wir wieder einen Poeten hier zu Worte kommen: „Das Mühlviertel – Landstrich zwischen Donau und Böhmerwald – ist eine Landschaft mit phantastischen, fast skurril anmutenden Steinformationen über den Wald-kuppen und in den Tälern. Es ist von einer schwer zu erfassenden Struktur, ein steter Wechsel von Weite und Enge, lieblichen Hügeln und rauhem Granitfels..." so beschreibt Adalbert Stifter diesen Traum einer Landschaft. Eine ganz und gar nostalgische Traumreise läßt sich hier „Auf den Spuren der Habsburger" antreten. Und das sowohl mit dem Schaufelrad-Dampfer auf der Donau als auch mit dem Nostalgie-Express. Der kleine Bruder des berühmteren Orient-Express rattert auf der landschaftlich einmaligen Donau-Ufer-Bahn seinem Ziel entgegen: von Salzburg über die kaiserliche Sommerresidenz Bad Ischl in die Oberösterreichische Landes-hauptstadt Linz und weiter nach Wien.

NIEDERÖSTERREICH

Das Land rund um Wien. Da liegt der Wiener Wald, da zieht sich der Radweg an der Donau entlang, gewährt später einen Blick auf Marbach. Es ist das große Weinland am blauen Strom; über 60% des österreichischen Weines wird hier geerntet: der Kremser, Dürnsteiner, Gumpoldskirchner, die Weine aus Klosterneu-burg, Langenlois, Retz und Poysdorf sind ein Begriff. Ein Begriff ist aber auch die „Ostarrichi-Urkunde" aus dem Jahr 996, in welcher Öster-reich erstmals urkundlich erwähnt wird. Und damit ist Niederösterreich die Wiege des Landes!

STEIERMARK

„Wenn der Schilcherwein langsam diesen Tag in Erinnerung verzaubert, wenn das alte Holz der Bauernstube unaufhörliche seine Geschichten erzählt, und diese romantisch schönen Bilder allesamt wahr und lebendig werden, wenn das Gefühl für Zeit und Lust und Kinderlachen durch Land und Menschen wiederkehrt, und uns

past the imperial summer residence at Bad Ischl by the city of Linz, and beyond to Vienna.

LOWER AUSTRIA

The area around Vienna and the surrounding Vienna Woods: this is where cycleways skirt the Danube, affording the traveller a glimpse of Marbach, where vineyards run all the way down to that mighty blue river, where the famous giant ferriswheel awaits you – a ride is a "must" for every visitor. More than 60% of Austria's wine is harvested here, from the sparkling wines of Krems to the better-known still wines of Durnstein, Gumpoldskirchen, Klosterneuburg, Langenlois, Ritz and Poysdorf. Lower Austria, known as the "cradle" of the country's history, can trace its origins back to 996.

STEIERMARK

To quote Folke Tegetthoff, one of the most noteworthy storytellers of the 20th Century: "When the Schilcher wine slowly bewitches this day into memory, when the wood of ancient farmhouses silently tells its tales, and these oddly beautiful visions come to life, when that yearning for Time and Pleasure and children's laughter returns to this land, when Pollution, Plague and the Quest for Truth are forgotten, breathe in deeply, imagine snow...", then you have a vision of the Steiermark. The most well-known ski-resorts, with miles of first-class pistes and cross-country trails, lie in the wild northern region of the Steiermark, at altitudes of up to 3000 metres. At between 600 and 2800 metres above sea level, you will find many hidden trails, the wildlife reserve at Grebenzen, and numer-ous delightful lakes. Graz and the wine region lie nearby, the much sought-after winter retreat of painters, musicians and other artists. Cosy fami-ly resorts can be found further east, at altitudes of 400 to 1500 metres. Here in the snow-capped hills you can also enjoy therapeutic ther-mal baths and swim in heated open-air pools under clear winter skies.

KARNTEN

From Salzburg province we head over the Tauer mountains (private motorists can also use the Tauer Tunnel) to Karnten. Karnten is known for

poeta: "Il Mühlviertel - un tratto di terra fra il Danubio e i boschi boemi – è un paesaggio con delle fantastiche formazioni di pietre che sem-brano quasi essere scurrili, sulle punte boschive e nelle valli. Esso è di una struttura difficilmente da comprendere, un cambio continuo di vastità e strettura, di colline amabili e di roccia dura di granito..." così descrive Adalbert Stifter questo sogno di un paesaggio. Qui ci si può immergere" nelle proprie avventure vacanziere. Qui sorgono i ricordi dai veli di nebbia mentali. Qui fluisce tranquillamente il Danubio. "Sulle tracce degli Asburgo" vi si può fare un viaggio fantastico e del tutto nostalgico.

E questo non solo in piroscafo sul Danubio, ma anche con il diretto-nostalgia. Il fratello minore del celebre diretto d'Oriente circola verso la sua meta, attraverso un paesaggio di prim'ordine, sulle sue rottaie lungo la riva danubiana: da Salisburgo via la residenza estiva imperiale Bad Ischl al capoluogo dell'Alta Austria, Linz, e conti-nuando verso Vienna.

STIRIA

Quando il vino Schilcher trasforma lentamente questa giornata in ricordi, quando il vecchio legno della stanza rustica racconta ininterrotta-mente le sue storielle, e tutte queste belle immagini sdolcinate diventano vere e vive, quando per mezzo del paese e della gente torna il sentimento per il tempo e per la voglia e per le risa dei bambini facendo dimenticare la città con le sue nubi puzzolenti, i termini tormentosi e la questione sul perché, allora respiri profonda-mente e dipingi nella neve un cuore di color verde prato..." così descrive la Stiria, Folke Tegetthoff, il più importante narratore di fiabe del XX secolo.

Visto che ci sono tanti ricordi, dipingiamo volen-tieri il cuore nella neve anche qui. Nel Nord più inclemente della Stiria ci sono le famose regioni con le migliori piste di sci e di fondo fino ad un'altura di 3000 metri. Al corso superiore del fiume Mur vi si trovano dei tranquilli suggeri-menti segreti fra 600 e 2800 metri sopra il livello del mare, con il Parco Naturale Grebenzen ed i suoi magnifici laghi. Accanto ci sono il capoluo-go Graz e la regione viticola, molto amata dagli artisti per passarvi l'inverno. Nella regione colli-nosa e termale ad est il visitatore vi troverà dei luoghi sciistici adatti per famiglie, accoglienti e

Terminplagen und die Frage nach dem Warum vergessen läßt, atmest du tief ein und tief aus und malst ein Herz, grün wie Wiese, in den Schnee...". So beschreibt Folke Tegetthoff die Steiermark. Und bei so viel Erinnerungen sei auch hier gern das Herz in den Schnee gemalt! Im rauheren Norden der Steiermark liegen die bekannten Regionen mit allen erdenklichen erstklassigen Pisten und Loipen bis in 3000 m Höhe. Stille Geheimtips findet man am Oberlauf der Mur, in Seehöhen zwischen 600 m und 2800 m, mit dem Naturpark Grebenzen und seinen prächtigen Seen. Graz und das Weinland schließen sich an, zum überwintern nur allzugern von Künstlern aufgesucht. Im östlichen Hügel- und Thermenland erwarten den Besucher schneeverzuckerte gemütliche Familien-Skiorte zwischen 400 m und 1500 m. Dazu kann man in den Thermen heilbaden, im warmen Wasser unter freiem Winterhimmel schwimmen!

KÄRNTEN

Vom Salzburger Land über die Tauern (für die PKW-Fahrer auch durch den Tauern-Tunnel) nach Kärnten. Wasser und Kärnten! Wasser in Kärnten ist Natur, ist aber auch Urgewalt und ein kostbarer Schatz. Die Kärntner sind stolz darauf, daß ihr Wasser zum Besten der Welt zählt. Kärnten ist das Land der Bäder. Hier spendet die Tiefe der Erde ihre Energie zur Heilung und Genesung. Bad Kleinkirchheim, Bleiberg, Warmbad Villach oder Karlbad auf der Nockalm – klingende Namen in Kärnten, heiße Quellen. Dazu kommen die Kärntner Badeseen: einladend, sauber. Umwoben von Sagen und Geschichten mit Wasserfrauen, Nixen und Elfen. Umgeben von Brauchtum und Tradition: Schiffs- und Nepomuk-Prozessionen um den Brückensegen, Kirchweih, Fischerstechen und Mühlenfest. Umschwebt von Klängen der Lieder und Symphonien eines Brahms, Mahler, Berg oder moderner Komponisten, die sich hier wohlfühlten.

BURGENLAND

Das Burgenland, ein schmaler Streifen im Osten – schon Grenzland –, der sich nach Norden um Eisenstadt herum ein wenig ausweitet. Da wehen erste wehmütige Geigenklänge von Ungarn herüber, verflüchtigen sich auf dem Neusiedler See, werden überlagert von den

its natural spring water, ranked amongst the best in the world. It is a costly treasure, which its citizens are justly proud of. Karnten is the home of spa baths – here the earth expends its energy in healing and reviving. Bad Kleinkirchen, Bleiberg, Warmbad Villach and Karlbad-on-the-Nockalm are renowned for their hot springs. Karnten also has numerous clean and inviting lakes for swimming and bathing. The area is rife with tales of mermaids, pixies and elves, with customs and traditions, processions and church festivals. The air is redolent with the songs and symphonies of Brahms, Mahler, Berg, and other modern composers, who have all come here to take the waters.

BURGENLAND

Burgenland, that narrow ribbon of land to the east, virtually at the border, eventually widens out further north towards Eisenstadt. Here you can hear the first melancholy strains of the Hungarian violin, wafting across the Neusiedler See, intermingling with the music of the grand composers Franz Liszt in Raiding or Joseph Haydn in Eisenstadt. The heady aroma of new wine and "Brettljause" coming from the wine bars and pubs is an irresistible lure. Grand castles and charming palaces are amply strewn around the countryside for those with an appetite for history. This land which straddles East and West, sitting between the Alps and the Hungarian Plain, is blessed with a gentle climate and with food and wine that would tempt the most jaded palate; artists and artisans can be found in every nook and cranny, and life can be enjoyed to the full.

VIENNA

This book ends with the metropolis on the Danube, the home of the waltz, the capital city. What do you conjure up when you think of Vienna? The Vienna Boys' Choir? The Lippizan stallions? Strauss waltzes? Old world charm and manners? The seat of government? One thinks of all of these during a stroll amongst the coffee shops and wine bars which capture the history and harmony of Vienna. If you want to experience Vienna to the full, you must allow plenty of time: not only because its Museum of Art houses the largest Brueghel Collection and the Art Nouveau paintings of Klimt outshine all

ricchi di neve, fra 400 e 1500 metri. Nei bagni termali, inoltre, si può fare i bagni curativi, e nuotare nell'acqua calda all'aperto!

BASSA AUSTRIA

La regione intorno a Vienna. Ecco i Boschi di Vienna. Lungo il Danubio conduce un percorso ciclabile concedendo più avanti uno sguardo su Marbach. E' la vasta regione viticola al fiume blu; perciò è consigliabile andarci piuttosto in bicicletta! Vi viene raccolto più del 60 % del vino austriaco: il Kremser, il Dürnsteiner, il Gumpolds kirchner, i vini di Klosterneuburg, Langenlois, Retz e Poysdorf sono molto famosi. Famoso è anche il "Documento di Ostarrichi" dal 996 nel quale documentariamente si menzione l'Austria per la prima volta. E con ciò la Bassa Austria è la culla della nazione austriaca!

CARINZIA

Dal Salisburghese via i Tauri (per gli autisti anche attraverso la galleria dei Tauri) si giunge in Carinzia. L'acqua e la Carinzia! L'acqua in Carinzia è la natura, ma è anche la forza originale ed un tesoro prezioso. I carinziani ne sono orgogliosi che le loro acque siano delle migliori del mondo. La Carinzia è la regione dei bagni. Qui la profondità della terra dona la sua energia per la curazione e per la guarigione. Bad Kleinkirchheim, Bleiberg, Warmbad-Villach o Karlbad sul Nockalm sono dei nomi altisonanti in Carinzia per sorgenti calde. In più ci sono i laghi: invitanti, limpidi. Circondati da leggende e storie con acauarie, sirene e silfidi, da usi e costumi e tradizione: Processioni di navi e del Santo Nepomuk per ottenere la benedizione per i ponti; sagre, il pungere dei pescatori e la festa dei mulini. Ed intorno i suoni dei Lieder e delle sinfonie di Brahms, Mahler, Berg o di compositori moderni che vi sentirono a loro agio.

BURGENLAND

Il Burgenland, una striscia stretta nell'est – già regione limitrofa – che si allarga un po' verso Nord intorno al capoluogo Eisenstadt. Qui si sentono i primi suoni nostalgici di violino dall'Ungheria, essi svaniscono sopra il lago di Neusiedl, vengono sovrapposti dalle grandi composizioni di Franz Liszt a Raiding oppure di

großen Kompositionen eines Franz Liszt in Raiding oder Joseph Haydn in Eisenstadt. Der Duft von Wein und Brettljause in den Heurigenlokalen zieht magisch an. Für alle, die nach Spuren der Geschichte suchen, sind mächtige Burgen und Schlösser im Land verstreut.

Ein Land, schon zwischen Ost und West, zwischen Alpen und Pußta, das vom Klima verwöhnt ist, wo Lebensfreude vom Teller zu holen und Sonne aus dem Glas zu genießen ist, wo in jedem Winkel Künstler hautnah zu spüren und die Wunder des Lebens zu finden sind.

WIEN

Den Abschluß in diesem Buch bildet die Donau-Metropole und Walzerstadt, die Bundeshauptstadt Wien. Was fällt Ihnen eigentlich zu WIEN ein? Sängerknaben? Lippizaner? Strauß-Walzer? Ein Film wie „Der Dritte Mann"? Küß die Hand, gnä` Frau? Herr Hofrat? Ich denke an alles, was ein Spaziergang zwischen Kaffeehäusern und Heurigen durch die Geschichte Wiens an Musikalität verströmen kann! Ich denke, daß wer Wien erleben will, viel Zeit und Muße braucht: Nicht nur, weil im Kunsthistorischen Museum die größte Bruegel-Sammlung hängt und weil da Jugendstilgemälde von Klimt funkeln. Nein auch, weil es hier neben Hundertwasser-Haus und Sigmund-Freud-Haus den Stephansdom, die Hofburg, Schönbrunn und Belvedere zu entdecken gilt. Weil ein Besuch im Burgtheater, im Theater an der Wien, in der Volks- oder Staatsoper zum unvergeßlichen Erlebnis werden. Weil eben hier eine Grenzlinie zwischen West und Ost verläuft: Endpunkt der Alpen, Tiefebene des Ostens. Hier trafen und treffen sich Kaufleute, hier mußten im Jahr 1683 die Türken einsehen, daß es besser ist, Europa den Kaffee zu bescheren, als sich mit Prinz Eugen anzulegen. Hier wurde schon einmal Europa neu geordnet. Hier wurde das dritte Zentrum der Vereinten Nationen geschaffen. Hier trifft sich Gott und die Welt an der schönen blauen Donau, im Prater, im Wienerwald, am Karlsplatz, im Cafe Hawelka, auf dem Flohmarkt, im Hofgarten . . .

Also, Servus in Wien, in Österreich!

others but also because St. Stephen's Cathedral, the Hofburg and the Schonbrunn and Belvedere Palaces are waiting to be discovered, in addition to Sigmund Freud's house and the Hundertwasser House. Equally unforgettable would be a visit to the Burgtheater, or one of the many other theatres in Vienna, or the Folk or State Opera houses. Here too lies the border between East and West, where the Alps give way to the lowland plains of the East. It was here that the Turks decided, in 1683, that it was better to introduce their coffee to Europe than to fight Prince Eugene. This is where the United Nations established a third base. Here God and the universe meet on the banks of the beautiful blue Danube, at the fairground (the "Prater"), at St. Stephen's Cathedral, in the Vienna Woods, at Karlplatz, at the fleamarket, in the grounds of the Royal Palace.....

Joseph Haydn ad Eisenstadt. Attira magicamente il profumo del vino e della merenda servita su una tavoletta nelle taverne dell'Heurigen.

Per tutti quelli che cercano delle tracce storiche vi ci sono sparpagliati dei sereni castelli e delle rovine imponenti. Una regione già fra l'est e l'ovest, fra le Alpi e la Pusta, viziata dal clima dove si incontra la gioia di vivere sul piatto, e dove si gode il sole dal bicchiere, dove si percepiscono degli artisti in ogni angolo e dove si trovano i miracoli della vita.

VIENNA

Alla fine di questo libro sta la metropoli danubiana e la città dei valzer, la capitale federale Vienna. Che cosa vi viene in mente quando pensate a Vienna? I Bambini Cantori? I lipizzani? I valzer di Strauss? Il bacio della mano? Il consigliere aulico? Io penso a tutto ciò che una passeggiata fra i caffè e le taverne attraverso la storia di Vienna possa emanare musicalità! Penso che chi vorrebbe vivere la città di Vienna deve avere molto tempo e agio. Non solo perché al Museo delle Belle Arti c'è la più ampia collezione di dipinti del Bruegel, e perché vi luccicano dei dipinti in stile liberty del Klimt. No, anche perché ci sono da scoprire la Casa di Hundertwasser e la Casa di Sigmund Freud, il Duomo di Santo Stefano, il Palazzo Imperiale, il Castello di Schönbrunn ed il Castello del Belvedere. Perché una visita al teatro imperiale, al Theater an der Wien, all'Opera Popolare oppure all'Opera di Stato diventa un'avventura indimenticabile. Perché vi corre una linea di confine fra l'ovest e l'est: Punto finale delle Alpi, la bassa dell'est. Qui si incontravano e si incontrano commercianti, qui i turchi nel 1683 dovettero ammettere che era meglio donare all'Europa il caffè che appoggiarsi al Principe Eugenio. Qui fu già riordinata una volta l'Europa. Qui si creò il terzo centro delle Nazioni Unite. Qui si incontrano Dio ed il mondo al bel Danubio blu, nel Prater, davanti alla Chiesa di Santo Stefano, nei Boschi di Vienna, nella Karlsplatz, al Mercato delle Pulci, nei Giardini Imperiali...

Unsere Rundfahrt starten wir im Westen Öster-reichs: Von Vorarlberg geht es weiter nach Tirol und Osttirol, dann in das Salzburger Land mit dem Salzkammergut und ein wenig nördlich nach Oberösterreich und an der Donau entlang weiter durch Niederösterreich. Dann wenden wir uns dem Süden Österreichs zu: Von der Steiermark führt der Weg nach Kärnten. Unsere Reiseroute verläuft nach Nordost in das Burgenland und voll-endet schließlich die farbige Bildrundreise in der Bundeshauptstadt des Landes – WIEN.

Our tour begins in the west of Austria: from Vorarlberg to the Tyrol and the East Tyrol, then into Salzburg province and the Salzkammergut, further north to Upper Austria and then through Lower Austria along the Danube. We then head for Southern Austria: from Steier-mark we wend our way to Karnten. Our route takes us to the northeast, to Burgenland, and our pictorial tour ends in the capital city – VIENNA.

I nostro viaggio lo cominciamo nell'occidente d'Austria: Dal Vorarlberg al Tirolo ed al Tirolo Orientale, poi al Salisburghese con il Salzkam-mergut ed un po' a nord all'Alta Austria e lungo il Danubio attraverso la Bassa Austria. Poi ci rechiamo a sud: dalla Stiria in Carinzia. Il nostro percorso continua a nord-est, al Burgenland e concludendo infine il giro dalle fotografie a colori nella capitale federale del paese – Vienna.

Feldkirch / Oberland

Dem Grafen von Montfort verdankt Feldkirch die majestätische Schattenburg, die hoch über dem mittelalterlichen Städtchen mit seinen romantischen Gassen und alten Häusern thront. Ein Kleinod, umrankt von zauberhafter Landschaft, begrenzt vom Rhein und Wanderbergen. Im Dreiländereck am Alpenrhein sind die Feinschmecker aus den Nachbarländern Schweiz und Liechtenstein gern zu Gast; die Freunde der klassischen Musik finden sich hier zur „Schubertiade" ein.

Feldkirch / Oberland

Feldkirch owes its magnificent Schattenburg Palace to the Count of Montfort. The Palace rises majestically over the medieval town of Feldkirch, with its romantic narrow lanes and ancient houses: a jewel set in an enchanting landscape, bounded by the Rhine. Gourmets and lovers of classical music come from neighbouring Switzerland and Liechstenstein to this part of the Rhineland Alps. From this idyllic little town one can fan out in all directions, e.g. to Oberland, where cherry trees surprisingly thrive even at this altitude.

Feldkirch / Oberland

Feldkirch deve al Conte di Montfort il castello maestoso chiamato Schattenburg che si erge al di sopra della cittadina medievale con i suoi vicoli romantici e con le sue case antiche. Un tesoro circondato da un paesaggio affascinante, limitato dal Reno e da monti camminabili. Nell'angolo dei tre paesi al Reno alpino si trattengono volentieri i buongustai dai paesi vicini, dalla Svizzera e dal Liechtenstein; gli amici della musica classica vi si incontrano alla „Schubertiade".

Von der Silvretta-Hochalpenstraße kann die Seele in eine Berglandschaft eintauchen, sich versenken in einen Traum von Weiß und Gold! Durch den Schnee ziehen vergoldete Spuren zu den Majestäten der Dreitausender! Vierzig Kilometer zieht sich das Tal der Rätoromanen mit solchen weichen und melodiös klingenden Namen wie Golm, Gargellen, Silvretta-Nova. Ein südländisch fröhliches Volk siedelte einst zwischen den Bergriesen, die heute für jeden Anspruch etwas bereithalten.

The high mountain pass above Silvretta affords a magnificent view of alpine scenery in all its glory, white and gold, leading to peaks more than three thousand metres high. This road will take you some forty kilometres past places with quaint and melodic names like Golm, Gargellen and Silvretta-Nova. This mountain region, originally settled by people of Southern European or Mediterranean origin, now offers something for every taste and desire.

Dall'alta strada alpina del monte Silvretta, l'anima può immergere in un paesaggio montagnoso, in un sogno di bianco e oro! Attraverso la neve ci sono delle tracce d'oro verso le maestà dei tremila. Per 40 km si estende la valle dei retoromani con dei nomi che sono tanto melodiosi, come Golm, Gargellen, Silvretta-Nova. A suo tempo ci viveva un allegro popolo meridionale; oggi ogni turista vi trova ciò che cerca. In quest'ambiente il Vorarlberg offre molte variazioni sul tema invernale.

Bei Lech und St. Anton liegt dieses Schneeparadies, das gleichbedeutend für Skilauf, Vielfalt und Weiten an Pisten und Abfahrten ist. Hier verläuft die Grenze zwischen Vorarlberg und Tirol; beide sind jedoch durch einen schneesicheren Tunnel miteinander verbunden. Über den Fernpaß ist das Außerfern vom übrigen Tirol her zugänglich. Bizarre Bergformationen, steile Wände, sanfte Bergtäler und stille Seen machen diese Region zu einem reizvollen Kletter- und Wanderparadies.

This winter paradise lies beside Lech and St. Anton, equally well-known for downhill skiing and for the diversity and range of its off-piste runs. The border between Vorarlberg and the Tyrol runs through here although both are connected by a snow tunnel. The remainder of the Tyrol is accessible beyond this high mountain pass, the Fernpass. Strange rock forma-tions, sheer cliffs, soft verdant valleys and still lakes make this region a climber's and hiker's paradise.

Vicino a Lech e Sankt Anton c'è questo paradiso della neve che significa lo sciare, piste e discese di ogni genere. Qui corre il confine fra il Vorarlberg ed il Tirolo: tutte e due le province sono però unite l'una con L'altra mediante una galleria sicura dalla neve. L'Ausserfern è accessibile dal resto del Tirolo attraverso il Fernpass. Le bizzarre formazioni montuose, le pareti ripide, le soavi valli montanare e i laghi tranquilli fanno di questa regione un affascinante paradiso per scalatori e per camminatori.

Am Ende des Venter Tales liegt unter der „Wildspitze" (3774 m) das traditionsreiche Bergsteigerdorf Vent. Es ist der Ausgangsort für einen Besuch im Gebirge der Superlative: die Ötztaler Alpen. Sage und schreibe 256 Dreitausender, davon 60 Gipfel über 3400 Meter. Hier dehnt sich auch die größte vergletscherte Fläche der Tiroler Alpen aus. Und hier fand vor 130 Jahren der Beruf der Bergführer seinen Ursprung: Ortskundige Männer führten die Gäste ausschließlich über die Paßübergänge.

At the foot of the Vent Valley, under the Wildspitze (3774 m) lies the village of Vent, well-known to mountain climbers. It is the starting point for a foray into the Otztaler Alps, where there are 256 mountains over 3000 metres high. The "Queen of the Mountains" is the peak which reaches 3774 metres. Here too you will find the largest alpine meadow in the Tyrolean Alps, created by a glacier. Mountain guiding began here some 130 years ago.

Alla fine della valle "Venter Tal", sotto la Wildspitze" (m. 3774) giace Vent, il tradizionale villaggio degli scalatori. Esso è il punto di partenza per una visita nelle montagne del superlativo: le Ötztaler Alpen. Ci sono 256 monti di 3000 metri. Ma la "regina degli Ötztaler" con 3774 metri rimane la montagna più alta del Tirolo. Qui si estende anche la più grande superficie ghiacciata delle Alpi tirolesi. E qui sorse la professione della guida alpina 130 anni fa: Uomini esperti del posto condussero i turisti esclusivamente per i passi.

An der letzten Abfahrt vor dem Grenzübertritt am Brenner erreicht man über eine kleine Nebenstraße Obernberg mit einem See, der Jugendherberge und einer hübsche Bergkirche. Grenzgebirge ist das Tribulaun-Massiv. Das Stubaital ist mit seinen 91 Gipfeln, die über 3000 m aufragen und dem Gebiet der Kalkkögel, auch „Dolomiten Nordtirols" genannt, ein schönes Gletschertourengebiet. Für alle, die nicht so hoch hinaus wollen, werden mit den ortskundigen Führern Wanderungen im ewigen Eis angeboten.

Obernberg, with its lake, hillside church and youth hostel, is virtually the last stopping point before you cross the border over the Brenner Pass. The Stubai Valley, with its 91 peaks over 3000 metres high, and the area around the Kalkkogel, is often called the "Dolomites of the Northern Tyrol", a marvellous area for glacier skiing. For those who do not wish to brave it, there are many wonderful trips round the glaciers led by local guides.

Stubaital con la vista su Telfs con i monti calcarei All'ultima uscita prima di varcare il confine sul Brennero si raggiunge per una piccola strada secondaria il villaggio di Obernberg con il suo lago, l'ostello ed una bella chiesa di montagna. Il Massiccio di Tribulaun è la montagna limitrofa. La Stubaital con le sue 91 cime che s'innalzano più di 3000 metri, e la zona dei monti calcarei che vengono chiamati anche le "Dolomiti del Tirolo Settentrionale" forma una bella area per gite su ghiacciai.

Der deutsche Gipfel der Zugspitze lenkt den Blick südwärts in die unendlichen Gebirgsketten der Tiroler Bergwelt (Vorseiten 20/21). Ein Fest für Augen und Gemüt: 12648 Quadratkilometer zwischen 460 und 3797 Metern Höhe! Nichts als Berge und Täler, Gletscherbrüche, Felsgrate – eine Naturlandschaft, deren Anziehungskraft sich nie verbraucht. Die felsige Innsbrucker Nordkette gehört zur Kulisse der Tiroler Landeshauptstadt wie das „Goldene Dachl". Hinter ihr verbirgt sich das Karwendel-Gebirge.

From the German side of the Zugspitze one has a magnificent view southwards towards the endless chain of the Tyrolean mountains. It is a feast for the eyes and the spirit: 12648 square metres of mountains ranging between 460 and 3797 metres in height! Nothing but mountains, valleys, glacial brooks and ridges – a natural landscape which will never pall. The northerly chain of mountains round Innsbruck forms a magnificent backdrop to this provincial capital and is nearly as famous as its "Golden Roofs".

La cima tedesca della Zugspitze rivolge lo sguardo a sud alle infinite catene montagnose del mondo montanaro tirolese. Una festa per gli occhi e per l'antimo: 12648 m² fra m. 460 e m. 3797 d'altitudine. Solo montagne e valli, ghiacciai, vette rocciose – un paesaggio naturale la cui attrazione non sfuma mai. La rocciosa catena settentrionale di Innsbruck appartiene al sottofondo del capoluogo tirolese come il "tetto d'oro". Dietro si nasconde uno dei più bei gruppi di montagna – il Karwendelgebirge.

Innsbruck, Maria-Theresia-Straße

Keine Stadt liegt so majestätisch zwischen hohen Bergen wie Innsbruck, die Landeshauptstadt Tirols. Von der Maria-Theresia-Straße mit ihrer Triumphpforte und der Annasäule bietet sich ein besonders schöner Blick auf die Nordkette. Sehenswert das „Goldene Dachl", ein spätgotisches Wahrzeichen der Stadt. Wie wäre es mit einem Stadtbummel? Vorbei an prunkvollen Fassaden, unter malerischen Laubengängen entlang, durch die Herrengasse und über weite Plätze mit pulsierendem Leben!

Innsbruck, Maria Theresia Street

No town lies as majestically between mountains as does Innsbruck, the provincial capital. From Maria Theresia Street, with its triumphal gate and the Anna Colonnade, you get a superb view of the Northern Range. A visit to the "Golden Roofs", a late-Gothic landmark, is a must, as is a stroll through the town, past its splendid facades, along the Herrengasse, and across its broad squares, the hub of all life in the city.

Innsbruck, Maria-Theresia-Strasse

Non c'è altra città che giaccia così maestosamente fra le alte montagne come Innsbruck, il capoluogo del Tirolo. Dalla Maria-Theresien-Strasse con la porta di trionfo e la Annasäule c'è una vista particolarmente bella sulla Nordkette. Il "tetto d'oro", un simbolo tardo gotico della città è proprio da vedere. Perché non farci un giretto? Passando davanti alle facciate sfarzose, sotto i pergolati pittoreschi, per il vicolo Herrengasse e le piazze estese con la loro vita pulsatile.

Unweit der deutsch-österreichischen Grenze am Fuß des Kaisergebirges liegt Kufstein. Eine mächtige Grenzfestung gegen Bayern hin bietet sich dem Besucher in der weitläufigen, großen Schauburg dar, die Festung „Geroldseck". Sie wurde 1504 im heutigen Zustand von Kaiser Maximilian I. wieder aufgebaut. Bei einem Besuch dort oben wird der Blick in die Vergangenheit geöffnet. Von Norden her öffnet die Europastraße 45 die Grenze nach Bayern. Hier ist das Haupteinfallstor nach Tirol.

Kufstein lies at the foot of the Kaiserberg mountains, not far from the German-Austrian border. It once withstood the might of Bavaria, from its Schauburg castle and Geroldseck fortress, which was rebuilt by the Emperor Maximilian I in 1504 in its present form, a potent connection with the past. From the north, Highway 45 takes you to the border with Bavaria. Here lies the the major gateway to the Tyrol.

Vicino al confine austro-tedesco ai piedi del Kaisergebirge giace la città di Kufstein. Al visitatore vi si offre un'imponente fortezza limitrofa verso la Baviera chiamata „Geroldseck". Essa fu ricostruita dall'Imperatore Massimiliano I. nel 1504. Stando lassù si apre la vista verso il passato. L'Europastrasse 45 apre il confine verso la Baviera. Ecco il portone al Tirolo.

Kufstein, Altstadt

Die Stadt Kufstein im Unter-Inntal liegt 503 m ü.M. und weist eine wechselvolle Geschichte auf: Im frühen Mittelalter Dingstätte der Grafschaft Interfalles, bis Ende des 11. Jh. im Besitz des bayrischen Pfalzgrafen (Aribonen), dann des Bistums Regensburg, seit 1133 der bayrischen Herzöge. 1339 erhielt Kufstein das Münchner Stadtrecht. 1504 kam es im bayrischen Erbfolgekrieg an Tirol. Das Wahrzeichen ist die ehemalige Festung auf dem Inselberg.

Kufstein, The Old Town

The town, in the lower Inn Valley, lies some 503 metres above sea level. The town has had a volatile history: in the early Middle Ages it was the site of the Earldom of Intervalles; to the end of the 11th century it was held by Bavarian Counts; then by the bishopric of Regensburg; from 1133 it belonged to the Duchy of Bavaria. In 1339 it achieved city status from Munich. In 1504 it became part of the Tyrol following the Bavarian War of Succession. The fortifications on the Inselberg bear witness to all of this.

Kufstein, Città vecchia

La città nell'Unter-Inntal giace a m. 503 sul livello del mare. La città ha una storia piena di vicissitudini: Nel Medio Evo faceva parte della contea d'Intervalles, fino alla fine dell'XI secolo era in possesso dei conti palatini della Baviera, poi della diocesi di Ratisbona, dal 1133 fu dei duchi bavaresi. Nel 1339 Kufstein ricevette il diritto municipale da Monaco di Baviera. Nel 1504 nella guerra bavarese di successione divenne tirolese. Il simbolo della città è la già fortezza sull'Inselberg.

Going   Blick zum Wilden Kaiser ▷

Bevor es nach Kitzbühel weitergeht, bietet der „Wilde Kaiser" mit seiner Zackenkrone in den jagenden Wolken einen wahrlich "sagenhaften" Anblick. Sind nicht die bleichen, von Sagen umwobenen Kalkzinnen des „Wilden Kaisers" die schönsten Berge? Die Schönsten? Das festzustellen, vermögen nur die Erlebnisse und Erinnerungen an eine Tour, die über die steilen Felsenklippen führte. Im Bild die barocke Dorfkirche von Going mit dem „Wilden Kaiser" im Hintergrund.

Going   The "Wild Emperor" ▷

Before moving on to Kitzbuhel, try to catch a glimpse through the clouds of the jagged crown of the mountain known as the "Wild Emperor". This sun-bleached limestone bastion must be one of the most beautiful mountains, if not the most beautiful! A climb over these rocky cliffs will surely bear this out. The sun-drenched wall of the Baroque village church in Going is the perfect spot for such reflection.

Going   Vista sul Wilde Kaiser ▷

Prima di proseguire per Kitzbühel, si passa davanti al "Wilde Kaiser" che offre un aspetto "favoloso". Non sono stupende le montagne, queste pallide punte calcaree circondate da leggende? Le più belle? Per constatare questo servono solo le avventure ed i ricordi ad una gita che condusse attraverso scogli ripidi. Ci si può riflettere a Going accostati alla parete di una chiesuola barocca riscaldata dal sole.

Zwischen Hahnenkamm und Kitzbüheler Horn an der Kitzbüheler Ache liegt die Bezirkshauptstadt, einer der bevorzugtesten Wintersportorte der Ostalpen. Die höchste Erhebung im Südwesten ist das „Kreuzjoch" (2558 m). Die meisten Anstiege des großen Tourenangebotes der Zillertaler Alpen am Großen Möseler, Turnerkamp oder Hochfeiler sind von ausgesuchter Schönheit; für erholungssuchende Wanderer ebenso wie für den fortgeschrittenen Alpinisten.

The principal town of the district, the preferred winter resort of those who come to the eastern Alps, lies between the Hahnenkamm and the Kitzbuhel Horn. The highest peak is the Kreuzjoch to the southwest (2558 m). The ascents to the Grossen Moseler, the Turnerkamp and the Hochfeiler from the Ziller Valley Alps are staggeringly beautiful and offer runs of every degree of difficulty, to those looking for relaxation as well as to those looking for demanding downhill racing.

Fra l'Hahnenkamm ed il Kitzbühler Horn al fiume Kitzbühler Ache giace il capoluogo distrettuale, una delle preferite località di sport invernale delle Alpi Orientali. La più alta elevazione nel sudovest è il "Kreuzjoch" (m. 2558). La maggior parte delle salite dell'ampia offerta di gite delle Alpi della Zillertal al Grosse Möseler, Turnerkamp oppure all'Hochfeiler sono di ricercata bellezza e offrono al camminatore in cerca di riposo, come pure all'alpinista, tutti i gradi di difficoltà.

Aus dem unendlichen Firnfeld der gewaltigen Venedigergruppe entspringt die Krimmler Ache. Vor der Mündung in die Salzach überwindet das Wasser einen dreifachen Gefällsbruch von 380 m, die 1450 m ü.M. gelegenen „Krimmler Fälle". Das Hauptdorf des Pinzgaues ist Zell am See. Das reizvolle Ortsbild wird umrahmt von der Schmittenhöhe (1968 m) und den zauberhaften Schlössern Saalhof, Rosenberg, Prielau und Fischhorn.

SALZBURG PROVINCE   Zell am See ▷

The Krimmler falls spring from the endless floes of the mighty Venice Range. From its mouth in the Salzach, the water courses down from a height of 380 metres. The Krimmler Waterfalls themselves lie 1450 metres above sea level. Zell am See is the main town in the Pinzgau. This charming resort is encircled by the Schmittenhohe (1968 m) and the enchanting castles of Saalhof, Rosenberg, Prielau and Fischhorn.

IL SALISBURGHESE   Zell am See ▷

Dall'infinito campo di neve perpetua del gigantesco Venedigergruppe nasce il fiume montanaro Krimmler Ache. Prima di sfociare nel fiume Salzach l'acqua supera 380 metri, le "cascate di Krimml" che giaciono a m. 1450 sul livello del mare. La località principale della Pinzgau è Zell am See. L'affascinante aspetto della località viene incorniciata dalla Schmittenhöhe (m. 1968) e dagli incantevoli castelli Saalhof, Rosenberg, Prielau e Fischhorn.

Ein bezauberndes Bergdörfchen mit einer typischen Bergkirche im Mittelpunkt ist Prägraten im Virgental in Osttirol. Über noch höher gelegene Häuser und Höfe klettert schon der Blick aus dem Tal auf die dunkle Wand der Maurerberge, bekrönt vom Dreieck der Venedigergruppe. Dieser östliche Landesteil ist eingebettet zwischen dem Alpenhauptkamm und den Dolomiten. Wegen seiner Höhenlage nimmt Osttirol als Erholungsgebiet einen besonderen Stellenwert ein.

Pragarten in the Virgen Valley in Eastern Tyrol is a charming little village with a typical mountain church at its centre. The dark-faced Maurer mountains rise above houses and villages further up the valley, crowned by the triangle of the Venice Range. This eastern part is hemmed in between the Alpenhauptkamm, the main peak of these Alps, and the Dolomites. The Eastern Tyrol is famed for its holiday resorts - more than half of the resorts in the region lie at altitudes above 2000 metres.

Un incantevole paesino montanaro con una tipica chiesa montanara. Al centro c'è Prägraten nella valle Virgental nel Tirolo Orientale. Al di sopra di case e fattorie giacenti ancora più in alto, s'arrampica già la vista dalle valle sulla parete scura dei monti Maurerberge coronati dal triangolo del Venedigergruppe. Questa parte orientale della regione è collocata fra la principale cresta alpina e le Dolomiti. Como area di riposo il Tirolo Orientale ha una certa importanza: La metà si trova al di sopra di 2000 metri.

Lienz, Mittelpunkt des östlichen Landesteils von Tirol, bietet dem kunsthistorisch Interessierten das Schloß Bruck mit einem romanischem Kern, um 1280 erbaut, sowie die Doppelkapelle mit einem spätgotischen Freskenzyklus. Besonders für Regentage öffnet das Heimatmuseum seine Pforten. Südlich ragt die Wand der Lienzer Dolomiten mit 2772 m auf. Nur noch das Gailtal grenzt das Land von den Karnischen Alpen, dem Grenzgebirge nach Italien, ab.

Lienz lies at the heart of the Eastern Tyrol. The Bruck Palace, with its Romanesque core, will appeal to those interested in art history. It was built ca. 1280, along with its twin chapels, and has late Gothic frescoes. A museum of daily life, the "Heimatmuseum", opens its doors on rainy days. To the south the face of the Lienzer Dolomites rises up to a height of 2722 metres. Only the Gail Valley separates this area from the Karnisch Alps, the mountain range bordering Italy.

Lienz, punto centrale di questa parte orientale del Tirolo offre agli interessati alla storia dell'arte il Castello Bruck con un nucleo romanico, costruito intorno al 1280, come pure la cappella doppia con un ciclo di affreschi tardo gotici. Specialmente nei giorni di pioggia apre le sue porte il museo regionale. A sud s'innalza la parete delle Dolomiti di Lienz con 2772 metri. Soltanto la valle Gailtal delimita la regione delle Alpi Carniche, i monti limitrofi verso l'Italia.

Dorfgastein, Bad Hofgastein und Badgastein – das sind „Magic Moments" – zauberhafte, glückliche Momente: Über dem Gasteiner Tal ein kosmisches Blau, der Heilstollen – ein Schatz der Berge, Quell ewiger Jugend – das heilende Wasser für Gesundheit und Lebensfreude. Und begonnen hat alles mit einer Kirche: 894 wurde die Liebfrauenkirche errichtet, und um sie herum entstand Hof-Gastein, das später das weltberühmte Bad Hofgastein werden sollte.

Dorfgastein, Bad Hofgastein and Badgastein – three bewitching little villages in the Gastein Valley. The Heilstollen is a treasure amongst mountains, a fount of eternal youth, well-being and joie-de-vivre. It all began with the Liebfrauen Church which was erected in 894. Hof-Gastein which was built around it and later became the world famous Bad Hofgastein. In 1828, the Patriarch of Venice dictated that the thermal springs of Badgastein should feed Bad Hofgastein.

Dorfgastein, Bad Hofgastein e Badgastein – questi sono degli affascinanti momenti felici: Al di sopra della valle "Gasteiner Tal" c'è un blu cosmico, la galleria curativa – un tesoro dei monti. Fonte di eterna giovinezza – l'acqua curativa per la salute e per la gioia di vivere. E tutto è cominciato con una chiesa: Nel 894 fu costruita la Chiesa di Santa Maria (Liebfrauenkirche) e intorno ad essa sorse Hof-Gastein che posteriormente divenne la famosissima località di Bad Hofgastein.

Zwischen der Salzburger Dolomitenstraße und den Gosauseen grenzt nach Westen das Naturschutzgebiet des „Hohen Dachsteins" an. Hier reckt die „Große Bishofsmütze" ihr markantes Profil mit 2459 Metern empor. Von der Salzburger Dolomitenstraßen bietet sich bei Sonnenuntergang dieses grandiose Bild im rötlichen Abendlicht. Noch schöner ist das Erlebnis, wenn die Gosaukammbahn den Wanderer rechtzeitig zu einer der vielen Berghütten transportiert hat und er hier eine Jause einnehmen kann.

The nature reserve of Hohen Dachstein forms the western border between the Salzburg Dolomite Pass and the Gosau Lakes. Here the mountain known as the "Bishop's Mitre" raises its distinctive profile (2459m). The evening sun casts a fiery glow as it sets over the Salzburg Dolomite Pass. This scenery can best be appreciated from one of the many mountain huts reached by the Gosau cable-car, over a late afternoon snack.

Fra la Strada Salisburghese delle Dolomiti e i laghi di Gosau verso ovest confina il Parco Nazionale del monte "Hohe Dachstein". Qui s'innalza il monte "Grosse Bischofsmütze" con il suo profilo appariscente con 2459 metri. Dalla Strada Salisburghese delle Dolomiti al tramonto del sole si offre una grandiosa immagine immersa nella rossiccia luce serotina. Ancora più bella è l'esperienza quando la Gosaukammbahn trasporta il camminatore in tempo ad una delle tante baite dove può fare merenda.

Am Paß Lueg entstand im 12. Jh. die Markt-siedlung als Verwaltungszentrum und Zollstätte. Bemerkenswert sind die Kirchen St. Jakobus, eine schlichte Barockkirche aus dem 17. Jh. und die Kapuzinerkirche Maria Hilf (18. Jh.), die der „frommen Propaganda" gegen das Luthertum diente. Gewaltig aber ragt die Festung Hohen-werfen über dem Ort auf. 1077 wurde sie als provisorische Festung begonnen, im 12. Jh. dann ausgebaut und im 16. Jh. mit ihrem heuti-gen Aussehen vollendet.

This town in the Lueg Pass began as a market settlement in the 12th century and became a customs control point and the administrative centre of the area. The Church of St. Jakobus, a simple 17th century Baroque church, and the Capuchin Church of Maria Hilf (18th century) are particularly noteworthy. The Hohenwerfen Fortress towers above the town. It was begun in 1077 and completed in the 12th century, but was rebuilt in its present form in the 16th century.

Nel 12° secolo sorse sul passo Lueg il paesino come centro amministrativo e posto doganale. La chiesa di San Giacomo, una modesta chiesa barocca dal 17° secolo e la Chiesa dei Cappuccini Maria Hilf (18° secolo), che serviva alla „propa-ganda pia" contro il luteranesimo sono notabili. La fortezza Hohenwerfen, però, s'innalza gigan-temente sopra la località. Fu iniziata nel 1077 come fortezza provisoria, poi fu allargata nel 12° secolo e completata nel 16° secolo dando ad essa il suo aspetto attuale.

Vom einsamen Bergkirchlein aus in Dienten entdecken wir in den Salzburger Kalkalpen den „Hochkönig" mit seinen fast dreitausend Metern: 2941 m. Die Pfarrkirche des Ortes datiert aus dem 16. Jahrhundert. Von dort gehen viele Bergpfade in die Dientener Berge oder auf die zahlreichen Hütten. Für die anmutigen Talwege stehen hier im Sommer Räder bereit. Im Winter begeistert die „Hochkönig-Skischaukel" die Brettlfans.

From the isolated Bergkirchlein in Dienten you can glimpse the Hochkonig, some 2941 metres up in the Salzburg Alps. The parish church in the village dates back to the 16th century. Endless paths lead up into the mountains and to mountain huts. In summer cycles can be hired to climb the strenuous paths; in winter, skiers can ride up in the Hochkonig ski gondola.

Dalla chiesuola solitaria di montagna a Dienten scopriamo il Hochkönig nelle Alpi Calcaree Salisburghesi con 2941 metri. La Parrochia della località risale al 16° secolo. Da lì conducono molti sentieri ai Dientener Berge oppure a numerose baite alpine. In estate sono a disposizione delle biciclette: In inverno gli sciatori si entusiasmano per l'impianto di lift (Hochkönig-Skischaukel).

Maria Alm, das ist ein Leben auf dem Lande. Inmitten des Dorfes die spätgotische, innen barocke Pfarrkirche mit Deckenfresken von Chr. Anton Mayr. Hier thront das Gnadenbild (von 1480) der Muttergottes auf dem Hochaltar! Die „Reiteralpe" wird von der deutsch-österreichischen Grenze durchzogen. Diesen traumhaften Blick auf das Felsmassiv eröffnet das Unkenbachtal bei Lofer. Hier sollte man beim „Kramerwirt" einkehren, ein Gasthaus aus der Biedermeierzeit.

In Maria Alm you are in the heart of the countryside. In the middle of the village stands the late Gothic parish church, with its Baroque interior and ceiling frescoes by Anton Mayr. Over the altar hangs a painting of Our Lady of Mercy dating from 1480. The Reiter Alps, which bisect the German-Austrian border, afford a splendid view across the Unkenbach Valley by the Lofer, where you will find a unique inn, the "Kramerwirt", built in the Biedermeier style.

Maria Alm significa una vita in campagna dove uno è tanto vicino alle montagne e dove in pascoli cominciano subito dietro la porta di casa. Nel mezzo del villaggio c'è la parrocchia tardo gotica, nell'interno barocca, con degli affreschi del soffitto di Christian Anton Mayr. La punta Turnhelm porge ai pellegrini il dito esortativo: Qui troneggia sull'altare maggiore l'immagine miracolosa della Madonna (dal 1480). Il "Reiteralpe" viene diviso dal confine austrotedesco. Qui si dovrebbe far sosta dell'oste "Kramerwirt".

Salzburg – der besondere Zauber heißt hier, eine besondere Stadt zu entdecken: Getreidegasse, Mozartplatz, Mirabellengarten, Altstadt, Dom, Hohensalzburg, Residenz, Festspiele. Bei Tag und Nacht, im Frühling oder Herbst diese Stadt aus Schlössern, Gärten und Brunnen genießen. Blickfang des einstigen Klosterortes Mondsee ist die ehemalige Benediktinerabtei mit der Stiftskirche. Hier entstand im 12. Jahrhundert das berühmte „Luitpold-Evangeliar". Sehenswert sind die Guggenbichler Altäre (1679 - 1714).

Salzburg is a city of many attractions: Getreidegasse, Mozartplatz, the Mirabelle Gardens, the Old Town, Cathedral, Hohensalzburg, the Residenz, and music festivals. Its palaces, gardens and fountains can be enjoyed by day or night. The erstwhile Benedictine Abbey and chapel is the most eye-catching building in the former monastery town of Mondsee. The famous "Luitpold Evangeliar" originated here in the 12th century. The Guggenbichler Altars (1679-1714) should also be seen.

La città di Salisburgo significa musica, più ancora, essa è un intervallo d'arte nella vita. Il fascino particolare vuol dire scoprire una città del tutto particolare: Getreidegasse, Mozartplatz, Mirabellgarten, la città vecchia, il duomo, la fortezza Hohensalzburg, la "Residenz", i Festival. Di giorno e di notte, in primavera oppure in autunno, significa godere di questa città fatta di castelli, giardini e fontane. Nel già luogo monastico Mondsee c'è la già abbazia benedettina con la chiesa conventuale. Anche gli altari del Guggenbichler (1679-1714) sono da vedere!

SALZBURGER LAND   St. Gilgen

Und wohin kann die Zwölferhornbahn von St. Gilgen am Wolfgangsee schon entschweben? Natürlich zum „Zwölferhorn" in 1522 m Höhe mit einem weiten Blick bis zum „Mondsee" über das Salzkammergut hinweg. In St. Gilgen gruppieren sich stattliche Häuser um die Pfarrkirche St. Ägidius (14. Jh.), die 1767 eine barocke Veränderung und eine Rokokoausstattung erhielt. Bemerkenswert auch Schloß Hüttenstein (Behördensitz), die Fassade des Hotels „Post", die Friedhofskapelle mit Fresken, der Mozartbrunnen.

SALZBURG PROVINCE   St. Gilgen

The Zwolferhorn cable-car whisks you up from St. Gilgen to an altitude of 1522 metres, where you can drink in the panoramic view to the Mondsee over the Salzkammergut. In St. Gilgen townhouses are grouped round the parish Church of St. Agidius (14th century), which was rebuilt in 1767 in the Baroque style with a Rococo interior. Equally noteworthy are Huttenstein Palace (town council), the facade of the Hotel Post, the chapel in the cemetery with its frescoes, and the Mozart fountain.

Il SALISBURGHESE   Sankt Gilgen

E dove potrebbe sparire la Zwölferhornbahn di Sankt Gilgen am Wolfgangsee? Naturalmente al monte "Zwölferhorn" ad un'altitudine di 1522 metri con un ampio panorama fino al lago "Mondsee", e al di sopra del Salzkammergut. A Sankt Gilgen si raggruppano delle imponenti case attorno alla parrocchia di San Egidio (14° secolo) che ricevette nel 1767 una modifica barocca ed un arredamento in stile rucocò. Notabile è anche il castello di Hüttenstein (sede delle autorità).

Der ehemalige Fischer- und heutige Ferienort liegt auf einer Halbinsel im Traunsee. Entwickelt hat sich Traunkirchen aus einem Nonnenkloster (1020-1573), das später (1622-1773) Jesuiten aus Passau als Niederlassung diente. Ihren Auftrag stellten sie bildhaft in der holzgeschnitzten Fischerkanzel von 1753 der Klosterkirche dar: „Seelenfischfang". Wahrscheinlich auf Fundamenten eines ehem. römischen Tempels steht die Johanniskapelle. Hierher an den See zieht alljährlich die Fronleichnams-Seeprozession.

This former fishing village, now a well-known holiday resort, lies on an island in the Traunsee. It developed from a nunnery (from 1020-1573), later becoming home to a Jesuit Order from Passau (1622-1773). Their mission is graphically represented in the carved wooden pulpit of the monastery chapel (ca. 1753): "fishing for souls". The Johannis Chapel is in all likelihood built on the foundations of a Roman temple. The annual Corpus Christi procession is a particular tourist attraction.

Il già villaggio di pescatori, oggi un luogo di villeggiatura, giace su una penisola sul lago di Traun. Traunkirchen si è sviluppato da un convento di monache (1020-1573) che più tardi servì ai gesuiti di Passavia da residenza. Rappresentarono la loro missione nel pulpito dei pescatori scolpito nel legno del 1753 nella chiesa conventuale: "Pesca di anime". Probabilmente su muri maestri di un tempio romano sta la Johanniskapelle. Ogni anni vi giunge la processione di Corpus Domini sul lago.

An der Einmündung des Flüßchens Traun in den Hallstätter See bietet sich das malerische Obertraun mit seiner Kapelle auf dem Seefelsen als Start für eine weitere Dachsteinexkursion an. Mit der Seilbahn schwebt man auf den „Krippenstein" und besucht von dort die einzigartigen Dachstein-Höhlen; gleich gegenüber Hallstatt, dessen Lebenselexier einstmals das Salz war („hall" kelt. = Salz). Terrassenförmig über den See gebaute Fischerhäuser und die engen Gäßchen prägen das Ortsbild.

The little River Traun flows into Lake Hallstatt at picturesque Obertraun, the perfect starting point for an excursion in the Dachstein region. The cable-car sweeps you up to the Krippenstein; from there you can visit the Dachstein Caves. Opposite Hallstatt (salt was once its mainstay and lifeblood) fishermen's huts tumble down in terraces to the lake and narrow lanes charm the visitor.

Allo sbocco del fiumicello Traun nel lago Hallstätter See si offre la pittoresca località di Obertraun con la sua cappella sulla roccia del lago per un'altra gita sul Dachstein. Con la funivia ci si reca sul "Krippenstein" visitandovi le straordinarie caverne del Dachstein. Dirimpetto c'è la località di Hallstatt il cui elisir di lunga vita era allora il sale ("hall" è celtico e significa in italiano "sale"). L'aspetto generale della località viene formato dalle case dei pescatori collocate a terrazza al di sopra del lago, e dagli stretti vicoli.

An der rauschenden „Mandling" liegt Filzmoos, schnell von der Tauern-Autobahn aus zu erreichen. Sanft steigen die Bergwiesen zunächst noch zum „Dachstein" hin an, dann jedoch breitet sich die bizarre Gebirgswelt des Dachstein-Massivs vor den Besucheraugen aus. Noch flammt der Herbst sein Rot in die Wälder zwischen Grundlsee und Gößl rund um den See unterhalb des „Backensteins". Beim ersten Schnee, läßt sich der Zauber des winterlichen Salzkammerguts entdecken.

STEIERMARK
Dachstein Massif Grundlsee ▷

Filzmoos lies along the roaring Mandling, easily reached from the Tauern motorway. Alpine meadows roll gently towards Dachstein; the fantastic rugged landscape of the Dachstein Massif spreads out before you. The woods between Grundlsee and Gossl skirting the lake beneath the Backenstein mountains bask in a late autumnal glow. The first snows will soon cast their magic spell over the Salzkammergut.

STIRIA
Massicio del Dachstein Grundlsee ▷

Al gorgogliante ″Mandling" giace la località di Filzmoos in poco tempo raggiungibile dall'Autostrada dei Tauri. I prati di montagna salgono soavemente fino al ″Dachstein", poi però si estende davanti agli occhi dei turisti il bizzarro mondo montagnoso del massiccio del Dachstein. Ancora sfavilla l'autunno il suo rosso nei boschi fra Grundlsee e Gössl intorno al lago al di sotto del ″Backenstein". Ben presto dopo la prima nevicata si può scoprire il fascino del Salzkammergut invernale.

Wels wurde 1222 zur Stadt erhoben und war durch Jahrhunderte ein Verkehrsknotenpunkt und eine Handelsmetropole. Die zweitgrößte Stadt Oberösterreichs hat sich ihre kleinstädtische Liebenswürdigkeit erhalten. Der Welser Stadtplatz zählt zu den schönsten Plätzen in ganz Österreich mit Bürgerhäusern von der Gotik bis zum Jugendstil. Ganz anders dagegen diese Landschaft: An steilen Ufern windet sich der Strom in weiteren Kehren und Schleifen südlich am Rande des Mühlviertels entlang.

Wels was given city status in 1222 and was a main thoroughfare and trading centre for centuries. The second largest city in Austria has however retained its small-town charm and appeal. The main city square in Wels is one of the most beautiful in Austria, surrounded by townhouses ranging from Gothic to Art Nouveau. The landscape is in total contrast: the river winds its way south past the edge of the mill area. The Romans clearly thought it a delightful spot, having once built a fort here.

Wels fu inalzata a città nel 1222, e per secoli fu un nodo del traffico ed una metropoli commerciale. La città si è conservata la sua amabilità provinciale. La Piazza della città di Wels fa parte delle più belle piazze di tutta l'Austria; ci sono delle case patrizie dalla gotica fino allo stile liberty. Il paesaggio, invece, è del tutto diverso: Il fiume serpeggia a sud lungo il margine della zona del Mühlviertel. Un sogno vacanziero che avranno già sognato i vecchi romani: Qui c'era allora uno dei loro castelli!

Linz, seit 1490 die Landeshauptstadt Oberösterreichs mit der Universität und einem Bischofssitz. Prächtig angelegt der Hauptplatz mit der Dreifaltigkeitssäule. Hier in Linz findet man das größte und das älteste Gotteshaus Österreichs, den Maria-Empfängnis-Dom und die Martinskirche. Das prachtvolle barocke Stift St. Florian liegt nahe Linz. Es ist berühmt für sein Kaiserzimmer, die Kaiserstiege, die Brucknerorgel und das Brucknergrab. Ein faszinierendes Monument europäischer Geisteskultur ist der Bibliothekssaal.

Linz, with its university and its bishopric, has been the provincial capital of Upper Austria since 1490 and is also home to the largest and oldest places of worship in Austria (the Church of the Immaculate Conception and the Church of St. Martin respectively). The magnificent Baroque monastery (St. Florian) lies near Linz. It is famous for its Emperor's Hall, Emperor's Throne, the Bruckner organ and Bruckner's grave. The library is a fascinating monument to European religious art.

Linz – dal 1490 capoluogo dell'Alta Austria con un'Università ed una sede vescovile. La Piazza Principale con la colonna della Trinità è qualcosa di stupendo. Vi si trova la più grande chiesa d'Austria (Maria Empfängnis-Dom), e la più antica (Martinskirche). Il meraviglioso convento (St. Florian) barocco si trova vicino a Linz. E' famoso per la sua stanza imperiale, la scala imperiale, l'organo del Bruckner e la tomba del Bruckner. Affascinante è la sala della biblioteca dove l'artigianato mostra un gran esempio dello stile rococò.

Am Zusammenfluß von Enns und Steyr liegt die alte Eisenhandelsstadt. Bemerkenswert ist der Altstadtkern Steyrs mit dem Brummerlhaus, dem besterhaltenen spätgotischen Bürgerhaus Österreichs. Die industrielle Arbeitswelt dagegen zeigt das Museum im historischen Wehrgraben. Waidhofen, bereits wieder im Voralpenland gelegen, wird von dem Flüßchen Ybbs durcheilt. Hier im Süden Niederösterreichs geht es bereits wieder in die Berge des Voralpenlandes.

At the confluence of the Enns and the Steyr lies the ancient Eisenhandelstadt, noteworthy for its Old Town with the Brummerlhaus, the most well preserved late Gothic townhouse in Austria. The Museum in contrast depicts working life in the industrial age. The tiny river Ybbs rushes through Waidhofen in the Voralpen area. In the southern part of Lower Austria one ascends again into the Voralpen mountains, starting with a gentle climb and reaching a peak 2000 metres high.

Là dove confluiscono i fiumi Enns e Steyr c'è l'antica città di commercio di ferro. E' notabile il nucleo della città vecchia di Steyr con la "Brummerlhaus", la casa patrizia tardo gotica miglior conservata d'Austria. Il mondo del lavoro industriale, invece, viene mostrato al Museo nello storico "Wehrgraben". La città di Waidhofen di nuovo nella regione delle Prealpi viene percorsa dal fiumicello Ybbs. Qui a sud della Bassa Austria si torna ai monti della regione delle Prealpi: Prima sono bassi per finire poi a 2000 m.

Grein / Donau Stift Melk ▷

Grein liegt am Eingang zum Strudengau am linken Donauufer mit einem
Flußübergang nach Niederösterreich.
Auf einer Seehöhe von 239 m präsen-
tiert sich hier eine harmonische Welt
des Alpenvorlandes. Die 1967 erbaute
Donaubrücke führt auf das Nordufer
und weiter in das Kaltwasserheilbad
Bad Kreuzen. Bei einer Donaufahrt
weiter in die Wachau ragt majestätisch
das Stift Melk über den Ufern des
blauen Stromes auf: Schon 976 wurde
dieses Benediktinerstift gegründet,
das als Hauptwerk des österreichischen Barocks gilt.

Grein / Danube Melk Monastery ▷

Grein lies at the entrance to the
Strudengau on the left bank of the
Danube, with a river crossing to Lower
Austria. It is a delightful town on the
lower slopes of the Alps, some 239
metres above sea level. The bridge,
built in 1967, leads to the north shore
of the Danube and to the cold-water
spa of Bad Kreuzen. Cruising back
along the Danube towards the
Wachau, the Melk Monastery towers
majestically above the shore. This
Benedictine monastery was founded in
976 to become Austria's foremost
Baroque masterpiece.

Grein / Danubio Convento di Melk ▷

Grein giace all'entrata alla valle Strudengau sulla riva sinistra del Danubio. Ad
un'altitudine di m. 239 vi si presenta il
mondo armonioso delle Prealpi. Il ponte
danubiano costruito nel 1967 porta alla
riva settentrionale e poi alle terme
d'acqua fredda di Bad Kreuzen.In occa-
sione di un giro sul Danubio si continua
verso la Wachau; il Convento di Melk
s'innalza maestosamente sopra le rive
del fiume blu. Questo convento bene-
dettino fu già fondato nel 976, però il
rimodellamento da parte di Jakob
Prandtauer dal 1702 al 1726 fece di esso
l'opera principale del barocco austriaco.

In der Wachau liegt am blauen Strom Schloß und Kloster Schönbühel. Das historisch und kulturell bemerkenswerte Stromtal ist rechts und links gesäumt von Stiften, Abteien, Klöstern, Burgen und Schlössern. Aber auch der jahrhundertealte Weinbau hat Tradition. Wenige Kilometer weiter stromab, kurz vor Krems, ein weiteres der prachtvollen Klöster, das ehemalige Augustiner Chorherrenstift Dürnstein, 1410 gegründet. Besonders augenfällig: Die Kirche mit ihrem pittoresken Turm (1733).

Schonbuhel Palace and Monastery lie alongside the magnificent Danube, in the Wachau region. This historic and fertile valley is bounded by monasteries, abbeys, chapels, castles and towers. Wine production has also been a tradition in the area for some one hundred years. A few kilometres further downstream, just before Krems, lies another magnificent monastery, the former Augustine Choral Monastery of Durnstein, founded in 1410. The church with its tower (ca. 1733) is particularly attractive.

Nella valle chiamata Wachau giace il Castello e Convento di Schönbühel. Questa valle divisa dal fiume blu è un luogo sprica e culturmente notabile perché a destra ed a sinistra del fiume ci sono conventi, abbazie, monasteri, rovine e castelli. Ma anche la viticoltura realizzatavi per secoli ha tradizione. Alcuni chilometri con la corrente in giù, vicino alla città di Krems c'è il meraviglioso monastero, il già convento dei canonici agostini, a Dürnstein, fondato nel 1410. Dà nell'occhio: La chiesa con la torre pittoresca (1733).

Über die Kirchen und Dächer der Altstadt hinweg bleibt der Blick auf der modernen „Skyline" von Krems hängen, der Bezirkshauptstadt am östlichen Ausgang der Wachau. Um den „Hohen Markt" gruppieren sich malerische Gassen mit historischen Bauwerken: das Steinerne Tor, das ehemalige Dominikanerkloster mit Kirche und das Rathaus (16.Jh). Westlich von Krems ist noch die „Gudenushöhle" mit vorgeschichtlichen Funden und Wandzeichnungen ein Ausflugsziel.

Looking beyond the steeples and rooftops of the Old Town, one's gaze lingers on the modern skyline of Krems, the chief town of the district on the eastern edge of the Wachau. It is a town which has managed to achieve a healthy mix of industry, commerce. Picturesque lanes and historic buildings surround the Hohe Markt: the Steiner Gate, the former Dominican monastery and chapel, the Town Hall (16th century). West of Krems lie the Gudenushohle, with prehistoric artefacts and cave paintings.

Al di sopra di chiese e tetti della città vecchia gli occhi s'impigliano nella moderna „skyline" di Krems, il capoluogo distrettuale all'uscita orientale della Wachau. Una città con la sana mistura molteplice di industria, amministrazione ed istituti. Intorno all'Hohe Markt si raggruppano dei vicoli pittoreschi con edifici storici: la porta di pietra, il già monastero dominicano con la chiesa, il Municipio (16° secolo). Ad ovest di Krems c'è ancora la caverna „Gudenushöhle" con dei reperti preistorici, e con dei dipinti murali.

Das Donautal ist rechts und links gesäumt von Burgen, Schlössern und sehenswerten Burgruinen. Der Weg nach Süden ins Donautal führt über die Marktgemeinde Rapottenstein, deren Kuenringerburg eine der bedeutendsten Anlagen des 12. Jahrhunderts war. Die Burg mit einem romanischen Bergfried, aber auch Bauphasen der Gotik und der Renaissance, wies allein fünf Höfe auf. Im 16. Jh. war sie ein Zentrum des Protestantismus und trotzte im Dreißigjährigen Krieg mehreren Belagerungen.

The Danube Valley is filled with castles, palaces and castle ruins. The route south to the Danube Valley takes us past the market town of Rapottenstein, whose Kuenring Castle was one of the most important buildings of the 12th century. The castle had five courtyards, along with a Romanesque keep, and other parts of Gothic and Renaissance origin. In the 16th century it was the centre of Protestantism and withstood many sieges in the Thirty Years' War.

La valle danubiana, a destra ed a sinistra, viene costeggiata da castelli e da rovine degne da vedere. La strada verso sud alla valle danubiana porta attraverso la località di Rapottenstein il cui castello fu una delle più importanti costruzioni del 12° secolo. il castello con una torre principale romanica, ma anche con delle fasi edili gotiche e rinascimentali aveva cinque corti. Nel 16° secolo fu centro del protestantesimo, e durante la Guerra dei Trent'Anni oppose resistenza a parecchi assedi.

Der Kurort und meistbesuchte österreichische Wallfahrtsort liegt 868 m ü.M. in den Nördlichen Kalkalpen. Der Erlaufsee, die Gemeindealpe (1620 m), der Ötscher (1892 m) und die Bürgeralpe (1267 m) sind beliebte Ausflugsziele. Seit Ende des 14. Jh. wurden Wallfahrten zum Schutz vor Ungarneinfällen durchgeführt. 1380-96 entstand eine gotische Kirche, deren Turm noch heute steht und von zwei barocken Türmen nach Umbauten 1644-83 flankiert wird, die Wallfahrtskirche.

This spa resort and most-visited Austrian pilgrimage venue lies 868 metres above sea level in the northern limestone Alps. Lake Erlauf, the Gemeinde Alp (1620m), the Otscher (1892m) and the Burger Alp (1267m) are favoured holiday destinations. Pilgrimages against Hungarian invasions have been undertaken since the end of the 14th century. A pilgrims' church in the Gothic style was founded between 1380-96. Its tower still stands today, flanked by two Baroque towers rebuilt between 1644-83.

I luogo di cura e luogo di pellegrinaggio austriaco maggiormente visitato giace nelle Alpi Calcaree Settentrionali a 868 metri sul livello del mare. Il lago Erlaufsee, il pascolo alpino Gemeindealpe (m. 1620) ed il Bürgeralpe (m. 1267) sono delle mete amate. Sin dalla fine del 14° secolo si fecero dei pellegrinaggi per proteggersi dalle invasioni degli ungheresi. Fra il 1380 e il 1396 sorse una chiesa gotica la cui torre esiste ancor oggidì. Nella chiesa si trovano la cappella miracolosa e la tesoreria.

In der Marktgemeinde im Bezirk Feldbach war die Riegersburg, erstmals um 1130 erwähnt, an der alten steierisch-ungarischen Grenze ein Bollwerk gegen die Türken. Im 17. Jahrhundert wurde die Anlage ausgebaut. Sie zählt zu den größten Wehrbauten Österreichs. Zu besichtigen sind die gotische Kapelle, der Rittersaal, das Fürstenzimmer und eine umfangreiche Waffensammlung. Majestätisch zieht sich die gestaffelte Anlage oberhalb der kleinen Marktgemeinde über die Vorburg bis zur Hauptburg hin.

Riegersburg in the Feldbach region was first mentioned in 1130, a bulwark against the Turks on the ancient Styrian-Hungarian border. It was extended in the 17th century. It is one of the largest military bastions ever built in Austria. Worth seeing are the Gothic chapel, the Rittersaal, the Princes' chamber and the comprehensive collection of weaponry. The entire complex rises majestically above the tiny market commune, beyond the Vorburg up to the Hauptburg.

Nel comune di Feldbach si menzionò per la prima volta il Riegersburg come castello intorno al 1130; all'antico confine stiriano-ungarico fu bastione contro i turchi. Nel 17° secolo la costruzione fu allargata. Essa fa parte delle più grandi costruzioni da difesa d'Austria. Si possono visitare la cappella gotica, la sala dei cavalieri, la stanza principesca ed un'ampia collezione di armi. La costruzione graduata si estende maestosamente al di sopra del paesino.

Graz, die Hauptstadt (242.000 Einwohner) des Bundeslandes Steiermark, bietet als zweitgrößte Stadt Österreichs zahlreiche Sehenswürdigkeiten: Rathaus, Franziskanerkirche, Neutorgasse mit Joanneum, in der Herrengasse das Landhaus mit Laubengängen, Opernhaus, Burg, Domkirche, Mausoleum, Uhrturm und die Standseilbahn zum Schloßberg mit den Festungsanlagen. Im 15. und 16. Jh. zunächst als Bollwerk gegen die Türken ausgebaut, haben dann italienische Renaissancebaumeister das Bild der Stadt geprägt.

Graz, the capital of the Province of Steiermark (pop.242,000), is the second largest city in Austria and holds many attractions for visitors: the Town Hall, Franciscan Church, Neutorgasse with the Joanneum, the country house with its arbour, the Opera House, Castle, Cathedral, Mausoleum, Clocktower and the cable-car to the Schlossberg with its citadel. Fortified against the Turks in the 15th and 16th centuries, it was subsequently rebuilt by Renaissance craftsmen from Italy.

Graz, il capoluogo della Stiria come seconda più grande città d'Austria, offre delle numerose bellezze: il Municipio, la Chiesa dei francescani, Neutorgasse con il Joanneum. Nel vicolo Herrengasse c'è il palazzo del governo con dei pergolati, l'Opera, il castello, il duomo, il mausoleo, la torre dell' orologio e la funivia stabile che porta al monte Schlossberg con le sue fortificazioni. Nel 15° e nel 16° secolo furono allargate come bastione contro i turchi, poi degli architetti rinascimentali d'Italia furono a formare l'aspetto generale della città.

Neben Bruck an der Mur ist das mittelalterliche Murau an demselben Fluß eine sehenswerte Stadt, die unter den Herren von Liechtenstein als Markt Murau entstand und 1298 Stadtrechte erhielt. Die gotische Pfarrkirche wurde 1284-96 erbaut. Seine Blütezeit erlebte Murau im Mittelalter. 1481 wurde es von den Ungarn besetzt, 1525 schloß es sich aufständischen Bauern an. Im Winter bieten sich hier im nordischen Zentrum der Region hervorragende Langlaufmöglichkeiten mit einem ausgedehnten Loipennetz.

Murau is a noteworthy medieval town close to Bruck on the Mur, which sprang up as the market town of Murau under the lords of Liechtenstein and attained city status in 1298. The Gothic parish church was built between 1284-96. Murau flowered in the Middle Ages. In 1481 it was occupied by Hungary and withstood a peasants' revolt in 1525. In winter it offers some of the most outstanding cross-country skiing and an extensive network of runs in this northern region.

All'infuori della città di Bruck an der Mur c'è anche la cittadina medievale Murau sollo stesso fiume chiamato Mur che sorse come Murau sotto i Liechtensein ricevendo i diritti municipali nel 1298. La parrocchia gotica fu costruita fra il 1284 e il 1296. Murau prosperò nel Medio Evo. Nel 1481 fu occupata dagli ungheresi. Nel 1525 si unì a dei contadini ribelli. Nel centro nordico della regione ci sono delle ottime possibilità per lo sci di fondo con delle piste di fondo di prima qualità

Am Fuße des „Grimming" ist Pürgg, ein malerisches Dörferl, unbedingt einen Besuch wert. Der „Pürgg" wird auch das „Steierische Kripperl" genannt. Über dem Dörferl findet der „Brettl-Individualist" bei der Planneralm eine kleine, aber feine Skiarena. Die Steierischen Tauern bieten unvergeßliche Erlebnisse. Hier geht der Weg in die Stille. Weit über der Zirbenwaldgrenze löst die warme Morgensonne den Nebel in den Tälern der Rottenmanner Tauern auf! Also Rucksack gepackt und auf in den jungen Morgen!

At the foot of Grimming lies Purgg, a picturesque little village (known also as the "Steierische Kripperl") which is well worth a visit. Skiers will find a small but perfectly adequate ski area near the Planneralm, high above the village. What better way is there to enjoy all this than to don a rucksack in the early hours, to walk along silent mountain paths, and to see the early morning sun burn away the fog over the valleys.

Ai piedi del "Grimming" c'è Pürgg, un paesino pittoresco. Vale la pena visitarlo. "Pügg" viene chiamato anche il "presepio stiriano". Al di sopra del paesino " l'individualista sciistico" troverà una piccola, ma eccellente arena sciistica sul Planneralm. I Tauri Stiriani offrono delle avventure indimenticabili. Il cammino vi porta al silenzio. Molto al di sopra del limite dei boschi di cembro il caldo sole mattutino scioglie le nebbie nelle valli dei Tauri di Rottenmann! Allora si prepara lo zaino e avanti verso il giovane mattino!

Eines der Wahrzeichen und eine der prächtigsten und schönstgelegenen Burgen für das Bundesland Kärnten ist die Festung Hochosterwitz. Die Burg rettete während der Türkeneinfälle Tausenden von Kärntnern das Leben. An eine sagenhafte Zeit erinnert das Wahrzeichen der Stadt Klagenfurt, Hauptstadt des Bundeslandes Kärnten. Neben vielen Sagen gilt es aber als gesichert, daß die Römer das Land vor fast zweitausend Jahren urbar gemacht und auch den Grundstein für eine florierende Wirtschaft gelegt haben.

Hochosterwitz Castle is a landmark in the province of Karnten and one of the most splendid and beautifully situated castles. The castle saved the lives of thousands of local people during the Turkish invasion. The Old Square is a landmark in Klagenfurt, the main town in Karnten province, and a reminder of its incredible past. Legends abound but it is almost certain that the Romans inhabited this area some 2000 years ago and established the foundations of a thriving industry and economy.

Uno dei simboli ed uno dei più bei castelli della regione carinziana è la Fortezza di Hochosterwitz. Durante le invasioni turche il castello salvò la pelle a migliaia di carinziani. Il simbolo della città di Klagenfurt, capoluogo della Carinzia, ricorda un'epoca leggendaria. All'infuori di molte saghe, è sicuro che i romani, quasi 2000 anni fa, hanno reso fertile il suolo di questa regione ponendo così la prima pietra per un'economia fiorente.

Kärnten hat Platz genug für große und winzige, lebendige und verträumte Seen. Einer davon ist der Wörthersee, 16 km lang, bis zu 85 m tief, im Sommer 26 Grad warm, mit Wassergüte sehr gut! Auf einer Landzunge schiebt sich die grün umsäumte spätgotische Pfarrkirche von Maria Wörth malerisch in den blauen See hinein. Film und Fernsehen haben diese zauberhafte Kulisse genutzt, Urlaub der unbegrenzten Möglichkeiten zu zeigen.

Karnten has more than enough space to accommodate its many lakes. The Worthersee is one of them: 16 kilometres long, up to 85 metres deep, and reaching temperatures of 26 degrees Centigrade in summer, with water of an exceptionally good quality.The late Gothic parish church of Maria Worth sits on a green spit of land which juts artistically into the deep blue lake. It has been used as a setting in many a film and television programme – a holiday resort of limitless possibilities.

La Carinzia ha sufficiente posto per laghi grandi e piccini, per quelli vivaci e per quelli trasognati. Uno di essi è il lago di Wörth, lungo 16 km e profondo quasi 85 m, d'estate ha una temperatura di 26 °, la qualità dell'acqua è ottima! Su una lingua di terra si spinge dentro nel lago blu pittorescamente la parrocchia tardo gotica circondata dal verde di Maria Wörth. Il cinema e la televisione se ne sono approfitatti di questo incantevole sottofondo: Di mostrare la vacanza delle possibilità illimitate.

Villach Weissensee ▷

Der Bezirkshauptort liegt im Kärntner Seengebiet an der Drau. Die radonführenden Akratothermen werden im Warmbad Villach (Kurort) gegen rheumatische Erkrankungen angewandt. Sehenswert die spätgotische Hallenkirche St. Jakob, die barocke Pfarrkirche St. Peter und Renais-sancehäuser mit Arkadenhöfen. Den idyllisch gelegenen Weissensee – er ist der höchste Badesee der Alpen – teilen sich Schwimmer, Segler und Fischer. Wanderwege, Wiesen und Wälder reichen bis ans unverbaute Seeufer.

Villach Weissensee ▷

The main town of the district lies on the Drau in the Karntner Lake District. The radon-producing thermal baths of the spa resort of Warmbad Villach offer relief for those with rheumatic illnesses. Worth seeing are the Church of St. Jacob, the Baroque parish church of St. Peter and the Renaissance houses with their court-yard arcades. The ideally situated Weissensee – the highest bathing lake in the Alps – is used by swimmers, sailors and fishermen. Public footpaths, meadows and woods meander down to the unspoilt lakeside.

Villaco Weissensee ▷

Il capoluogo distrettuale giace sulla Drava nell'area carinziana dei laghi. Le terme contenenti il rado vengono applicate a Warmbad vicino a Villaco (luogo di cura) contro malattie reumatiche. La chiesa tardo barocca di San Giacomo, la parrocchia barocca di San Pietro, e case rinascimentali con dei cortili ad arcate sono proprio da vedere. Il lago Weissensee giace idillicamente – esso è il più alto lago delle Alpi – e viene diviso fra nuotatori, veleggiatori e pescatori. Sempre significa un calmare della psiche quando i musicisti suonano una svelta marcia carinziana!

In Millstadt haben Kultur und Musik das Sagen. Besondere Spezialität: die Internationalen Musikwochen und Komödienspiele. Oder eine Swingparty auf einem Schiff! Graf von Ortenburg gründete 1191 ein Hospital an der Mündung der Lieser in die Drau, daraus entwickelte sich Spittal, das 1242 Markt und 1524 Sitz der Grafschaft Ortenburg wurde. Das Renaissanceschloß Porcia mit üppigem Portal und Arkadenhof bietet im Sommer Komödienspiele. Sehenswert noch Rathaus und Kirche.

Music and culture are foremost in Millstadt. It is particularly known for its international music weeks. Count von Ortenburg founded a hospital in 1191 at the mouth of the Lieser where it joined the Drau, which grew into the market town of Spittal in 1241 and became the seat of the Counts of Ortenburg in 1524. Comedy plays are staged in summer in the Renaissance Porcia Palace, with its opulent entrance gate and arcaded courtyard. The Town Hall and Church are also worth a visit.

A Millstatt comandano la cultura e la musica. Le Settimane Internazionali della Musica e le rappresentazioni di commedie sono le specialità. Oppure uno swingparty su un vascello! Il Conte di Ortenburg fondò un ospedale alla foce del fiume Lieser nella Drava nel 1191, di ciò si sviluppò la città di Spittal che nel 1242 divenne una località e nel 1524 divenne anche la sede della contea di Ortenburg. Il castello rinascimantale di Porcia con uno splendido portale, offreno in estate delle rappresentazioni di commedie.

Heiligenblut

Im oberen Mölltal dehnt sich weit das Gebirgsdorf Heiligenblut auf einer Höhe von 1700 m ü.M. aus. Es ist Ausgangspunkt der Großglockner-Hochalpenstraße (2505m) mit traumhaften Ausblicken auf den Großglockner (3797 m). Seit der legendären Auffindung des 1271 erstmals erwähnten heiligen Blutes ist der Ort auch das Ziel frommer Wallfahrer. Die 1491 geweihte Kirche birgt einen wertvollen gotischen Schnitzaltar. Die Bedeutung ist durch römische Funde und Edelmetallbergbau bis ins 16./17. Jh. bezeugt.

Heiligenblut

The mountain village of Heiligenblut fans out across the upper Moll Valley, 1700 metres above sea level. It is the starting point for the Grossglockner Pass (2505 m) with fabulous views over the Grossglockner (3797m). The village has attracted devout pilgrims since the legendary discovery in 1271 of what was said to be the blood of a saint. The church which was consecrated in 1491 boasts a valuable Gothic carved altar.

Heiligenblut

Nella parte superiore della valle Mölltal si estende il paesino di montagna Heiligenblut in un'altitudine di 1700 metri sul livello del mare. E' il punto di partenza della Grossglockner-Hochalpenstrasse (m. 2505) con un fantastico panorama sul Grossglockner (m. 3797). Sin dallo scoprimento leggendario del sangue sacro menzionato per la prima volta nel 1271, il villaggio è diventato meta di pellegrini pii. La chiesa consacrata nel 1491 ha un prezioso altare intagliato in stile gotico.

Der Neusiedler See, der westlichste Steppensee Europas, ist ein wirkliches „Wunder": 300 Quadratkilometer groß, aber nur zwischen 1,20 und 1,90 Meter tief, umgeben von einem bis zu 6 Kilometer breiten Schilfgürtel. Durch seine gewaltige Verdunstung beeinflußt er das Klima – günstig für Urlaubsgäste und den Wein. Im Seewinkel, im Gebiet der salzigen „Laken", lassen sich an die 300 exotische Vogelarten und Pflanzen, die sonst nirgendwo in Europa zu finden sind, beobachten.

The Neusiedler See, the westernmost stepped lake in Europe, is something of a phenomenon: it is 300 metres square, but only 1.20 to 1.90 metres deep and surrounded by a 6 kilometre wide reed bed – a habitat for many rare species. The climate is affected by its phenomenal evaporation – beneficial for holidaymakers and the local wine. The salt marshes at the edge of the lake are home to some 300 varieties of rare birds and plants, nowhere to be found in the rest of Europe.

Già il lago di Neusiedl, il lago di steppa più ad occidente in Europa, è un vero ˝miracolo˝: grande 300 km2, ma profondo solo m. 1,20 e m. 1.90, circondato da una fascia di canna larga 6 km – lo spazio vitale di molte specie animali. Grazie alla sua forte evaporazione influisce il clima – questo è vantaggioso per i forestieri e per il vino. Nel Seewinkel, nell'area delle ˝salamoie˝ (˝Laken˝) si possono osservare quasi 300 specie di uccelli esotici, e piante che non si trovano in nessun'altra parte in Europa!

Landeshauptstadt des Burgenlandes ist Eisenstadt, nicht weit von Wien gelegen. Hier wie dort begegnen wir der Musik: Joseph Haydn schrieb im Schloß Esterházy seine schönsten Werke. In der Kalvarienbergkirche befindet sich das Haydn-Mausoleum. Das Burgenland ist das jüngste der Bundesländer Österreichs (seit 1921), aber reich an Spuren einer bewegten Vergangenheit: Römer, Hunnen, Osmanen, Tartaren, Magyaren und Bayern stritten um dieses sonnige „Pannonien".

Eisenstadt is the provincial capital of Burgenland, close to Vienna. It too has musical connections: Joseph Haydn composed some of his most beautiful works in the Esterhazy Palace. Haydn's Mausoleum is located in the Mount Calvary Church. Burgenland is the youngest province in Austria (est. 1921) but it has a rich and varied history: Romans, Huns, Osmans, Tartars, Magyars and Bavarians have all tramped through this sunny land.

Il capoluogo del Burgenland è Eisenstadt, non molto lontano da Vienna. In tutte e due le città incontriamo la musica: Joseph Haydn ha composto al Castello di Esterházy le sue più belle opere. Nella chiesa del Calvario c'è il mausoleo dell'Haydn. Il Burgenland è la più giovane regione d'Austria (dal 1921), ciononostante è ricca di tracce di un passato movimentato: Romani, unni, osmani, tartari, magiari e bavaresi si litigarono per questa "Pannonia" soleggiata.

Das Burgenland weist eine Geschichte harter Prüfungen auf, die aber großen kulturellen Reichtum entstehen ließ. Die wechselvolle Geschichte spiegelt sich in den Menschen, Dörfern und Bauten wider. Burg Forchtenstein ist eins davon: Am Osthang des Rosaliengebirges bei Mattersburg um 1300 von den Grafen von Mattersdorf erbaut, kam sie 1445 in habsburgischen Besitz, 1622 an die Esterházy. Im 17. Jh. wurde die Burg als Festung ausgebaut und diente der Bevölkerung als Fluchtburg.

Burgenland has had a difficult history, but one which brought it great cultural riches. Its varied history can be seen in its people, its villages and its buildings. Forchtenstein Castle for example: built in 1300 at Mattersburg on the eastern slopes of the Rosalien Mountains by the Counts of Mattersdorf, became Hapsburg property in 1445, then Esterhazy property in 1622. The castle was extended in the 17th century and became a refuge for those escaping the Turkish invasion in 1683.

Il Burgenland ha una storia piena di dure prove che però fecero sorgere grande ricchezza culturale. La storia variabile si riflette nelle persone, nei villaggi e nelle costruzioni. Il castello di Forchtenstein è una di quelle: Sul pendio orientale delle montagne Rosaliengebirge vicino a Mattersburg fu costruito dai conti di Mattersburg intorno al 1300, e poi nel 1445 divenne proprietà degli Asburgo. Nel 1622 fu degli Esterhàzy. Sono degne da vedere l'ampia collezione di armi e la barricata di carri.

Ein Land wie geschaffen für Schlemmer, Genießer, Faulenzer! Ein Land vom Klima verwöhnt, vom Csardas überströmt. Endlose Ebenen, nur von sanften Hügeln unterbrochen, grüne Weingärten: Etwas Ungarn, ein bißchen Österreich und der Gaumen- und Ohrenschmaus geht los! Das Land lädt einfach ein: Von den Seefestspielen in Mörbisch bis zu dem vielfältigsten Kunsthandwerk rund um den See. Und dazu Burgenländischer Wein aus Holzfässern: Im Weinland muß man die „Sonne im Glas" genießen!

This is a land created equally for gastronomes, hedonists and idlers, a land spoilt by a pleasant climate, the music of the Csardas wafting on the air, endless plains broken only by soft hills and green vineyards: a bit of Hungary, a bit of Austria, a feast for the discerning palate and ear. From lakeside festivals in Morbisch to handicrafts of every description, it has something for everyone, including Burgenland wine aged in wood barrels: in the wine country one must sample this "sunshine in a glass"!

Invita una regione, adatta per ghiottoni, gaudenti, pigroni! E' una regione viziata dal clima, riboccata dalla ciarda. Pianure infinite, solo interrotte da colline soavi, vigneti verdi: Un po' d'Ungheria, un po' d'Austria e già comincia il godimento acustico e quello palatale! La regione invita: Dai Festival sul lago a Mörbisch fino al più svariato artigianato intorno al lago. Ed in più il vino burgenlandese dai barilli di legno: Nella regione del vino bisogna godere del "sole nel bicchiere"!

△ WIEN, Burgtheater

△ WIEN, Riesenrad im Prater

△ WIEN, Graben　　　　　　　　　　　　　▽ WIEN, Grinzing

△ WIEN, Schloß Schönbrunn　　　　　▽ WIEN, Heurigenlokal in Grinzing

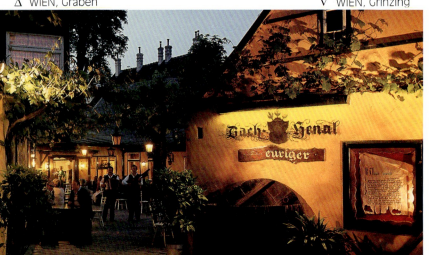

WIEN   Stephansdom ▷

Und noch mehr hat Wien zu bieten! Man muß sich Zeit nehmen, denn Wien ist Walzerstadt, Kaiserresidenz und Ziel nostalgischer, romantischer Träume zugleich. Wien erleben heißt: Auf den Spuren der k.u.k. Aristokratie wandeln, neue Beisel und Kabaretts erforschen, Kultur in aller Vielfalt auswählen zwischen Boutiquen und Galerien, Kaffeehäusern und Heurigen das süße Leben genießen. Wenn der Spaziergang durch die Geschichte beendet ist, weiß man „Wien ist schön, alt und neu, bei Tag und Nacht."

VIENNA   St. Stephen's Cathedral ▷

Vienna has even more to offer. Allow plenty of time. Vienna is the home of the waltz, the Emperor's Residence, the stuff that romantic dreams are made of. To experience Vienna, wander in the footsteps of the aris-tocracy, discover new bars and cabarets, and enjoy the good life in its boutiques and galleries, coffee houses and wine bars at the end of your journey through history. Vienna is beautiful, both the Old and the New, by day and by night.

VIENNA   Duomo di Santo Stefano ▷

E la città di Vienna ha da offrire ancora di più. Bisogna prendersi il tempo sufficiente perché Vienna è la città dei valzer, la residenza imperiale, e contemporaneamente la meta di nostalgici sogni romantici. Vivere Vienna significa: Camminare sulle tracce dell'artistocrazia imperiale e reale, scoprire accoglienti osterie chiamate "Beisl", e teatri di varietà; scegliere cultura svariata, godere del "dolce far niente" fra boutiques e gallerie, caffè e taverne; quando la passeggiata attraverso la storia è conclusa.Vienne è bella. Quella antica e quella moderna.

RADELN

`à la carte`

DONAURADWEG
Passau - Wien - Budapest, 1:200 000

RADWEGE TIROL
1:125 000

TAUERNRADWEG
der Salzach und Saalach entlang, 1:100 000

RADWEGE OBERÖSTERREICH
1:125 000

INNTALRADWEG
von Landeck bis Passau, 1:100 000

RUND UM DEN NEUSIEDLER SEE
1:50 000

RADATLAS
die 40 schönsten Radtouren in Österreich

SCHUBERT & FRANZKE

INNTALRADW
VON LANDECK BIS PASS

TAUERNRADW
DER SALZACH UND SAALACH E

DONAURADW
PASSAU – WIEN – BUD
MIT RADKARTE 1:200 000

RUND UM
NEUSIEDLER
RADKARTE 1:5